CLASSIQUES & CIE

Qu'est-ce que les Lumières ?

Texte intégral

Emmanuel Kant

Collection dirigée par
Laurence Hansen-Løve

Traduction originale et analyse
Jean-Michel Muglioni
agrégé de philosophie,
professeur de Première supérieure au lycée Louis-le-Grand (Paris)

HATIER

QU'EST-CE QUE LES LUMIÈRES ?

Jean-Michel Muglioni est l'auteur d'une thèse intitulée *Progrès et finalité chez Kant. La philosophie kantienne, réponse à la question : qu'est-ce que l'homme ?* soutenue en 1991. Il a écrit divers articles et ouvrages sur Kant (dont une traduction et un commentaire de l'*Idée d'une histoire universelle au point de vue cosmopolitique*, Bordas, 1993) ainsi que des articles sur Descartes, Comte et des sujets de philosophie générale. Il est professeur de philosophie en Première supérieure au lycée Louis-le-Grand.

Conception graphique de la maquette :
c-album, Jean-Baptiste Taine, Rachel Pfleger
Principe de couverture : Double
Mise en page : Chesteroc Ltd
Chronologie : Domino
Suivi éditorial : Catherine Zerdoun

ISBN : 978-2-218-92592-4

L'ARCHITECTURE DE L'ŒUVRE

L'AUTEUR ET LE CONTEXTE

THÈMES ET PROBLÉMATIQUES

OUTILS COMPLÉMENTAIRES

La numérotation des paragraphes n'est pas proposée par Kant. Elle permettra de se repérer dans le commentaire. Nous remercions Mme Duverdier pour ses conseils.

QU'EST-CE QUE LES LUMIÈRES ?

(1784)

[1] *Accéder aux Lumières consiste pour l'homme à sortir de la minorité où il se trouve par sa propre faute.* Être *mineur*, c'est être incapable de se servir de son propre entendement sans la direction d'un autre. L'homme est par sa propre faute dans cet état de minorité quand ce n'est pas le manque d'entendement qui en est la cause mais le manque de décision et de courage à se servir de son entendement sans la direction d'un autre. *Sapere aude !* [Ose savoir !] Aie le courage de te servir de ton *propre* entendement ! Telle est la devise des Lumières.

[2] La paresse et la lâcheté sont les causes qui font qu'un aussi grand nombre d'hommes préfèrent rester mineurs leur vie durant, longtemps après que la nature les a affranchis de toute direction étrangère (*naturaliter majores* [naturellement majeurs]) ; et ces mêmes causes font qu'il devient si facile à d'autres de se prétendre leurs tuteurs. Il est si aisé d'être mineur ! Avec un livre qui tient lieu d'entendement, un directeur de conscience qui me tient lieu de conscience, un médecin qui juge pour moi de mon régime, etc., je n'ai vraiment pas besoin de me donner moi-même de la peine. Il ne m'est pas nécessaire de penser, pourvu que je puisse payer ; d'autres se chargeront bien pour moi de cette ennuyeuse besogne. Les

tuteurs, qui se sont très aimablement chargés d'exercer sur eux leur haute direction, ne manquent pas de faire que les hommes, de loin les plus nombreux (avec le beau sexe tout entier), tiennent pour très dangereux le pas vers la majorité, qui est déjà en lui-même pénible. Après avoir abêti leur bétail et avoir soigneusement pris garde de ne pas permettre à ces tranquilles créatures d'oser faire le moindre pas hors du chariot[1] où ils les ont enfermées, ils leur montrent le danger qui les menace si elles essaient de marcher seules. Or, ce danger n'est vraiment pas si grand, car elles finiraient bien par apprendre à marcher après quelques chutes ; seulement, un exemple de ce genre rend timide et dissuade ordinairement de faire d'autres essais.

[3] Il est donc difficile pour chaque homme pris individuellement de s'arracher à la minorité qui est presque devenue pour lui une nature. Il y a même pris goût et il est pour le moment réellement incapable de se servir de son propre entendement, parce qu'on ne lui en a jamais laissé faire l'essai. Préceptes et formules, instruments mécaniques permettant un usage raisonnable ou plutôt un mauvais usage de ses dons naturels, sont les entraves[2] qui perpétuent la minorité. Celui-là même qui les rejetterait ne franchirait le plus étroit fossé que d'un saut encore mal assuré, parce qu'il n'est pas habitué à une semblable liberté de mouvement. C'est pourquoi il n'y a que peu d'hommes qui soient parvenus à s'arracher à la minorité en exerçant eux-mêmes leur esprit et à marcher malgré tout d'un pas sûr.

[4] Mais qu'un public s'éclaire lui-même, voilà qui, au contraire, est possible ; c'est même presque inévitable pourvu qu'on lui en laisse la liberté. Alors, en effet, il se trouvera

1. *Cf.* Thèmes et problématiques, pp. 59-60. \ **2.** Nous traduisons ici librement. Il s'agit de grelots attachés aux pieds.

toujours, même parmi les tuteurs attitrés de la grande masse, quelques hommes pensant par eux-mêmes, qui, après avoir eux-mêmes secoué le joug de la minorité, répandront autour d'eux le sens d'une appréciation raisonnable de sa propre valeur et de la vocation de chaque homme à penser par soi-même. Remarquons ici que le public, qui a été auparavant maintenu par eux sous ce joug, les force ensuite eux-mêmes à y rester, par une rébellion, quand il y est poussé par quelques-uns de ses tuteurs, eux-mêmes totalement incapables d'accéder aux Lumières ; tant il est dommageable d'inculquer des préjugés, parce qu'ils finissent par se venger contre ceux-là mêmes qui en ont été les auteurs ou contre leurs devanciers. C'est pourquoi un public ne peut parvenir que lentement aux Lumières. Une révolution peut bien entraîner la chute du despotisme personnel et de l'oppression née de la soif de richesses et de domination, mais jamais une vraie réforme du mode de penser ; au contraire, de nouveaux préjugés serviront, aussi bien que les anciens, de lisière à la grande masse sans pensée.

[5] Or, pour propager les Lumières, il n'est rien requis d'autre que la *liberté* ; et, à vrai dire, ce qu'il y a de plus inoffensif sous ce nom, à savoir la liberté de faire un *usage public* de sa raison dans tous les domaines. Mais j'entends à présent crier de tous côtés : « *Ne raisonnez pas !* » L'officier dit : « Ne raisonnez pas, faites les manœuvres » Le fonctionnaire des finances : « Ne raisonnez pas, payez ! ». Le prêtre : « Ne raisonnez pas, croyez ! » (Il n'y a qu'un seul maître au monde qui dise : « *Raisonnez* autant que vous voudrez et sur tout ce que vous voudrez, mais *obéissez* ! ») Dans tous les cas, la liberté est limitée. Or, quelle limitation fait obstacle aux Lumières ? Laquelle n'est pas un obstacle mais peut-être même les favorise ? – Je réponds : il faut que l'*usage public* de la raison soit toujours libre et lui seul peut répandre les Lumières parmi les hommes : mais l'*usage privé* de

la raison peut dans bien des cas être très étroitement limité sans que cela fasse particulièrement obstacle aux Lumières. J'entends par faire un usage public de sa propre raison : faire usage de sa raison en tant que *savant* devant le public entier qu'est *le monde des lecteurs.* J'appelle usage privé l'usage qu'il est permis à un homme de faire de sa raison dans l'exercice de la *charge* ou de la fonction qui lui a été confiée comme citoyen. Or, pour beaucoup d'activités concourant à l'intérêt du corps commun [1], un certain mécanisme est nécessaire, qui impose à quelques-uns de ses membres un comportement purement passif, une unanimité artificielle produite par le gouvernement les dirigeant vers des fins publiques, ou du moins les empêchant de les détruire. Alors, il n'est certes pas permis de raisonner ; il faut au contraire obéir. Mais, en tant que cette partie de la machine se considère en même temps comme membre d'un corps commun entier, et même de la société cosmopolitique [2], par conséquent en qualité de savant qui s'adresse par des écrits à un public au sens propre, il lui est tout à fait possible de raisonner sans qu'en pâtissent les activités auxquelles, comme membre passif, il est attaché en partie. Ainsi, il serait très dangereux qu'un officier auquel son supérieur a donné un ordre veuille en service ratiociner à voix haute sur le caractère approprié ou sur l'utilité de cet ordre ; il faut qu'il obéisse. Mais on ne peut légitimement lui interdire de faire, comme savant, des remarques sur les fautes commises dans les opérations militaires et de les soumettre au jugement de son public. Le citoyen ne peut pas refuser de payer les impôts qui lui sont réclamés ; même une désapprobation impertinente à l'égard de ces impôts, s'il doit les acquitter, peut être punie comme un scandale (qui pourrait entraîner la désobéissance de tous). Malgré cela, le même homme n'agit pas contre son devoir de citoyen si, comme savant, il exprime publiquement ses

1. L'État en tant qu'il est l'union des hommes. \ **2.** *Cf.* Glossaire : Cosmopolitique, p. 92.

pensées contre la maladresse ou même l'injustice de telles prescriptions. De même, un prêtre est obligé de s'adresser à ses élèves, pour le catéchisme, et à ses fidèles selon les symboles de l'Église dont il est le serviteur ; car il a été nommé à cette condition. Mais, comme savant, les ayant mûrement réfléchies et les ayant conduites selon une intention bonne, il a l'entière liberté, et c'est même là sa vocation, de communiquer au public toutes ses pensées sur ce qu'il y a d'incorrect dans tel symbole et de lui soumettre ses propositions pour un meilleur aménagement des choses de la religion et de l'Église. Il n'y a même là rien qui soit un poids sur sa conscience. Car ce qu'il enseigne du fait de ses fonctions, comme mandataire de l'Église, il le présente comme quelque chose qu'il n'a pas le libre pouvoir d'enseigner selon son opinion personnelle, mais qu'il s'est engagé à exposer selon la prescription et au nom d'un autre. Il dira : « Notre Église enseigne ceci ou cela ; ce sont les arguments dont elle se sert. » Il tirera ensuite, pour la formation morale de ses fidèles, tout le bénéfice moral de propositions auxquelles il ne souscrirait pas en toute conviction mais qu'il peut s'engager à rapporter, parce qu'il n'est pas complètement impossible qu'elles renferment une vérité cachée, et qu'en tout cas il ne s'y trouve rien de contraire à la religion intérieure. Car, s'il le croyait, il ne pourrait en conscience remplir sa fonction, il lui faudrait s'en démettre. Ainsi, l'usage qu'un homme fait de sa raison dans l'exercice de ses fonctions d'enseignement devant ses fidèles est seulement *un usage privé* ; parce que ce n'est jamais qu'une réunion domestique quelle que soit son ampleur ; et, à cet égard, il n'est pas libre comme prêtre, et il n'y a pas lieu qu'il le soit parce qu'il remplit une charge étrangère. Au contraire, comme savant, s'adressant par des écrits au public proprement dit, c'est-à-dire au monde [entier], faisant par conséquent *un usage public de sa raison*, le prêtre jouit d'une liberté illimitée de se servir de sa propre raison et de parler en son nom propre. Que les tuteurs du peuple (en matière de religion) doivent être à leur tour mineurs, c'est en effet une aberration qui revient à perpétuer les aberrations.

[6] Mais une société de prêtres, comme un synode ou une vénérable « classe » (c'est le nom qu'elle se donne a elle-même chez les Hollandais), ne devrait-elle pas être en droit de faire que ses membres se prêtent mutuellement serment de respecter immuablement un certain symbole, pour exercer ainsi sans interruption une tutelle supérieure sur chacun de ses membres et, par ce biais, sur le peuple, allant ainsi jusqu'à éterniser cette tutelle ? Je dis : c'est tout à fait impossible. Un tel contrat, qui serait conclu pour éloigner pour toujours le genre humain de tout progrès des Lumières, est absolument nul et non avenu ; et cela quand bien même il serait entériné par le pouvoir suprême, par des Diètes[1] d'Empire et par les traités de paix les plus solennels. Une époque ne peut pas se liguer et jurer de mettre la suivante dans un état où il lui serait nécessairement impossible d'étendre ses connaissances (principalement celles qui sont du plus haut intérêt), de se débarrasser des erreurs et, d'une manière générale, de faire progresser les Lumières. Ce serait un crime contre la nature humaine, dont la destination originelle consiste justement dans ce progrès ; et les générations suivantes sont donc parfaitement en droit de rejeter de telles décisions comme ayant été prises de manière illégitime et sacrilège. La pierre de touche qui permet de déterminer ce qui peut être donné comme loi à un peuple est cette question : un peuple pourrait-il se donner à lui-même cette loi ? Or, il pourrait sans doute se donner celle dont nous parlons, par exemple en attendant une loi meilleure, pour une courte période, afin d'assurer un certain ordre ; en même temps on

1. *Cf.* Glossaire : Diète, p. 93.

laisserait toujours à chaque citoyen, et principalement au prêtre, en qualité de savant, c'est-à-dire par ses écrits, la liberté de faire ses remarques sur les défauts de l'institution actuelle ; l'ordre établi demeurerait en place jusqu'à ce que l'intelligence de la nature de ces choses ait été menée publiquement assez loin et qu'elle ait été confirmée de telle sorte que les fidèles dont les voix se seraient accordées (quoiqu'il n'y ait pas unanimité) puissent porter devant le trône un projet pour obtenir qu'il protège ceux qui se seraient mis d'accord, selon ce qu'ils estiment être une meilleure intelligence des choses, pour modifier la constitution religieuse, sans pourtant empêcher ceux qui le voudraient de s'en tenir à la tradition. Mais s'entendre pour qu'une constitution religieuse demeure et que personne n'ait le droit de la mettre en doute, ne fût-ce que pendant la durée d'une vie d'homme, par là annuler, pour ainsi dire, une époque dans l'amélioration progressive de l'humanité et la rendre stérile, ce qui ne peut se faire qu'au détriment de la postérité, c'est absolument interdit. Dans ce qu'il lui incombe de savoir, un homme peut bien, pour lui-même, et encore seulement pour quelque temps, ajourner l'accession aux Lumières ; mais y renoncer pour lui-même, ou, pire, pour la postérité, cela s'appelle violer les droits sacrés de l'humanité et les fouler aux pieds. Or, ce qu'il n'est pas permis à un peuple de décider lui-même quant à son propre sort, il est d'autant moins permis à un monarque de le décider pour le peuple, car son autorité législative repose justement sur ce qu'il rassemble la volonté du peuple dans la sienne. Pourvu qu'il veille à ce que toute amélioration vraie ou prétendue s'accorde avec l'ordre civil, il peut pour le reste laisser ses sujets faire seuls et par eux-mêmes ce qu'ils trouvent nécessaire de faire pour le salut de leur âme ; cela ne le regarde pas, mais ce qui le regarde, c'est de veiller à ce que nul n'empêche quiconque par la force de travailler à son salut par la voie qu'il aura déterminée. Un monarque porte lui-même atteinte à sa majesté s'il s'en mêle en croyant devoir faire contrôler par son gouvernement les écrits par lesquels ses sujets cherchent à clarifier leurs pensées, que, pour cela, il fasse valoir la supériorité de ses propres vues, s'exposant alors au reproche. *Caesar non supra grammaticos* [L'empereur n'est pas au-dessus des grammairiens], ou même, pire encore, qu'il abaisse son pouvoir suprême jusqu'à soutenir dans son État le despotisme clérical de quelques tyrans contre le reste de ses sujets.

[7] Si donc on demande : vivons-nous maintenant dans une époque *éclairée* ? la réponse est : non ! mais bien dans une époque d'*accession aux Lumières*. Que, au point où en sont les choses, les hommes, considérés dans leur ensemble, soient déjà ou puissent seulement être mis en état, en matière de religion, de faire un usage sûr et bon de leur propre entendement sans la direction d'un autre, il s'en faut encore de beaucoup. Seulement, qu'aujourd'hui on leur laisse le champ libre pour y travailler, et que diminuent peu à peu les obstacles qui les empêchent d'accéder universellement aux Lumières, c'est-à-dire de sortir de la minorité où ils se trouvent par leur propre faute, nous en avons des indices certains. De ce point de vue, cette époque est l'époque de l'accession aux Lumières ou siècle de *Frédéric* [1].

[8] Un prince qui ne trouve pas indigne de lui de dire qu'il considère comme un devoir, en matière de religion, de ne rien prescrire aux hommes, qu'au contraire c'en est un de leur laisser dans ce domaine entière liberté ; un prince, donc, qui va jusqu'à décliner pour lui-même le nom hautain de *tolérance* est lui-même éclairé et mérite que ses contemporains et la postérité reconnaissants le célèbrent comme le premier à avoir sorti le genre humain de la minorité, du moins pour ce qui relève du gouvernement, et

1. *Cf.* L'auteur et le contexte, p. 21.

à avoir laissé chacun libre de se servir de sa propre raison dans tout ce qui est affaire de conscience. Sous son règne, il est permis à d'honorables prêtres, en qualité de savants, sans préjudice des devoirs de leur charge, d'exposer librement et publiquement au monde, pour examen, leurs jugements et leurs vues qui s'écartent ici ou là du symbole reçu ; ce que peut à plus forte raison toute autre personne que ne limitent pas les devoirs de sa charge. Cet esprit de liberté s'étend aussi au-dehors, même là où il y a des obstacles extérieurs du fait que le gouvernement se méprend sur son rôle. Car c'est bien pour ce gouvernement un exemple de ce que, en régime de liberté, il n'y a pas à avoir le moindre souci pour la tranquillité publique et l'unité du corps commun. Les hommes travaillent eux-mêmes à s'arracher peu à peu à leur grossièreté, pourvu qu'on ne s'évertue pas à les y maintenir.

[9] Traitant de l'accès aux Lumières, qui consiste pour l'homme à sortir de la minorité où il se trouve par sa propre faute, j'ai considéré comme essentielles les questions religieuses : c'est que, relativement aux arts et aux sciences, les gouvernants n'ont aucun intérêt à jouer les tuteurs avec leurs sujets : et, en outre, la minorité en matière de religion est la plus nuisible mais aussi la plus déshonorante de toutes. Mais le mode de penser d'un chef d'État qui favorise les Lumières va plus loin encore, et il reconnaît que, même s'agissant de sa *législation*, il est sans danger de permettre à ses sujets de faire de leur propre raison un usage *public* et de proposer publiquement au monde leurs pensées sur une meilleure rédaction de ces lois, avec, s'il le faut, une franche critique de celles qui sont en vigueur ; nous en avons un exemple illustre, et, en cela, aucun monarque n'a devancé celui que nous vénérons [1].

1. *Cf.* L'auteur et le contexte, p. 22.

[10] Or, seul celui qui, parce qu'il est éclairé, n'a pas peur de l'ombre, mais qui dispose en même temps d'une armée nombreuse et bien disciplinée, pour garantir la tranquillité publique, peut dire ce qu'un État libre[1] ne peut oser dire : « Raisonnez tant que vous voulez, et sur tout ce que vous voulez, mais obéissez ! » Ainsi les affaires humaines prennent-elles ici un tour étrange et inattendu ; et même, si on considère leur cours dans ses grandes lignes, presque tout y est paradoxal. Un degré supérieur de liberté civile semble avantageux à la liberté d'*esprit* du peuple et lui impose pourtant des limites infranchissables ; un degré moindre lui donne au contraire la place pour s'étendre de tout son pouvoir. Quand, en effet, la nature a fait éclore sous cette dure enveloppe le germe dont elle prend soin avec toute sa tendresse, à savoir le penchant et la vocation à la *pensée libre*, ce penchant et cette vocation réagissent peu à peu sur la disposition d'esprit du peuple (et par là ce peuple devient peu à peu plus apte à *agir librement*), et ils finissent même par réagir sur les principes du gouvernement, lequel trouve profitable pour lui-même de traiter l'homme, qui est dès lors *plus qu'une machine*, conformément à sa dignité.

Königsberg, en Prusse, le 30 septembre 1784. E. Kant.

Dans les *Nouvelles hebdomadaires* de Büsching du 13 septembre, je lis, aujourd'hui 30, l'annonce du *Mensuel berlinois* de septembre, qui publie la réponse de M. Mendelssohn à la même question. Je ne l'ai pas encore eue entre les mains ; sinon, j'aurais réservé la présente réponse, que je ne saurais proposer maintenant que pour voir jusqu'où le hasard peut réaliser l'accord des pensées.

1. *Freistaat*, *Cf.* Thèmes et problématiques, p. 68, note 1.

DOSSIER

L'ARCHITECTURE DE L'ŒUVRE

Sont mises en évidence ici les principales articulations de *Qu'est-ce que les Lumières ?*

ALINÉAS 1 À 3

La paresse des hommes et l'ambition de ceux d'entre eux qui se posent en tuteurs font qu'ils ne pensent pas par eux-mêmes et ne sortent pas de leur minorité. Il est presque impossible à chacun de devenir majeur ou éclairé dans ces conditions.

ALINÉAS 4 ET 5

L'accès aux lumières est possible pour le « public », pourvu que la loi garantisse la liberté d'expression. Sens et limite de cette liberté fondamentale.

ALINÉA 6

Exemple essentiel de la liberté en matière de religion.

ALINÉAS 7 À 9

Le siècle de Frédéric, siècle des Lumières ou plutôt siècle en route vers les Lumières.

ALINÉA 10

Les progrès de l'esprit de liberté font qu'un peuple respecte davantage les lois.

L'AUTEUR ET LE CONTEXTE

REPÈRES BIOGRAPHIQUES

1724 : Naissance à Königsberg, en Prusse, actuel Kaliningrad en Russie. Trop de biographies notant qu'en effet sa mère était piétiste oublient de dire que la philosophie de Kant contient une critique sévère de cette forme ascétique et moralisante du protestantisme.

1746-1755 : La mort de son père le force à quitter l'université et à gagner sa vie comme précepteur dans les familles bourgeoises et aristocratiques. De là, un goût pour le raffinement et la conversation qui lui restera toute sa vie.

1755 : Début de son enseignement à l'université de Könisberg, qu'il ne quittera plus.

1762 : Parution de l'*Émile* de Rousseau, dont la lecture fut selon Kant lui-même un moment essentiel du développement de sa pensée.

1781 : *Critique de la raison pure*. C'est par cette œuvre que Kant devient célèbre (surtout en 1787 avec sa seconde édition) et marque l'histoire de la philosophie. C'est elle, par exemple, qui apprit aux physiciens qu'ils n'avaient pas besoin d'une métaphysique pour fonder leur science.

La vie de Kant est simplement la vie d'un professeur de philosophie chargé d'un nombre considérable d'heures de cours et scandée par la publication de ses œuvres (*Cf.* Chronologie, pp. 18-19). Elle ne connut donc guère d'autres événements que son travail et les démêlés avec la censure à propos de ses réflexions sur la religion.

1796 : Dernier cours de Kant, en juillet.

1804 : Mort de Kant, le 12 février.

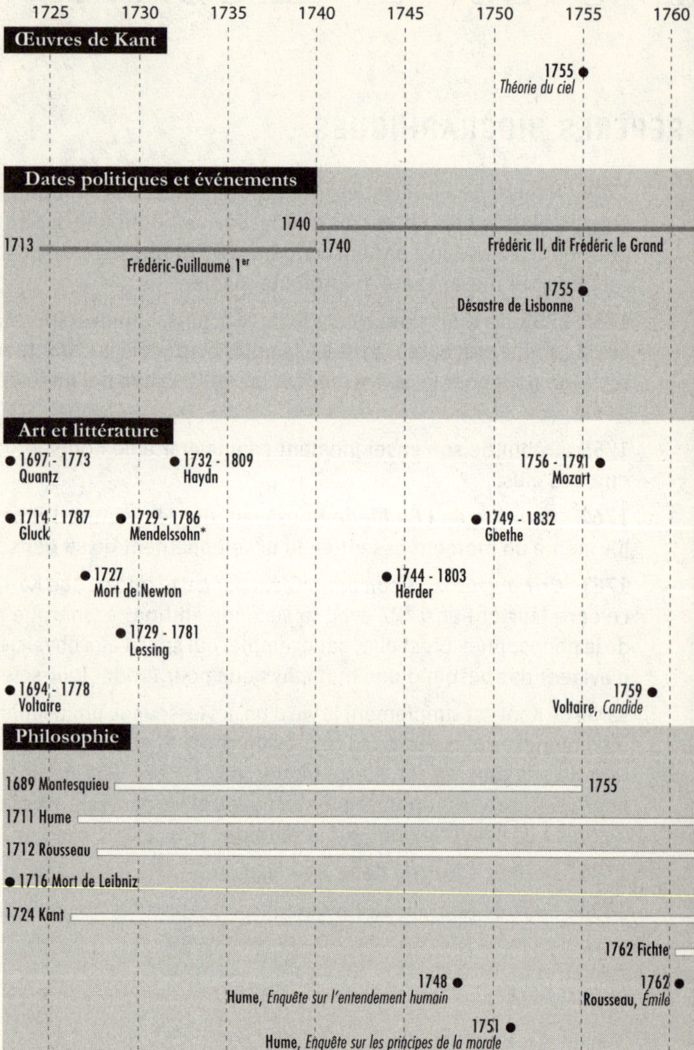

*Moses, grand-père du musicien, qui répondit en même temps que Kant à la question *Qu'est-ce que les Lumières ?*

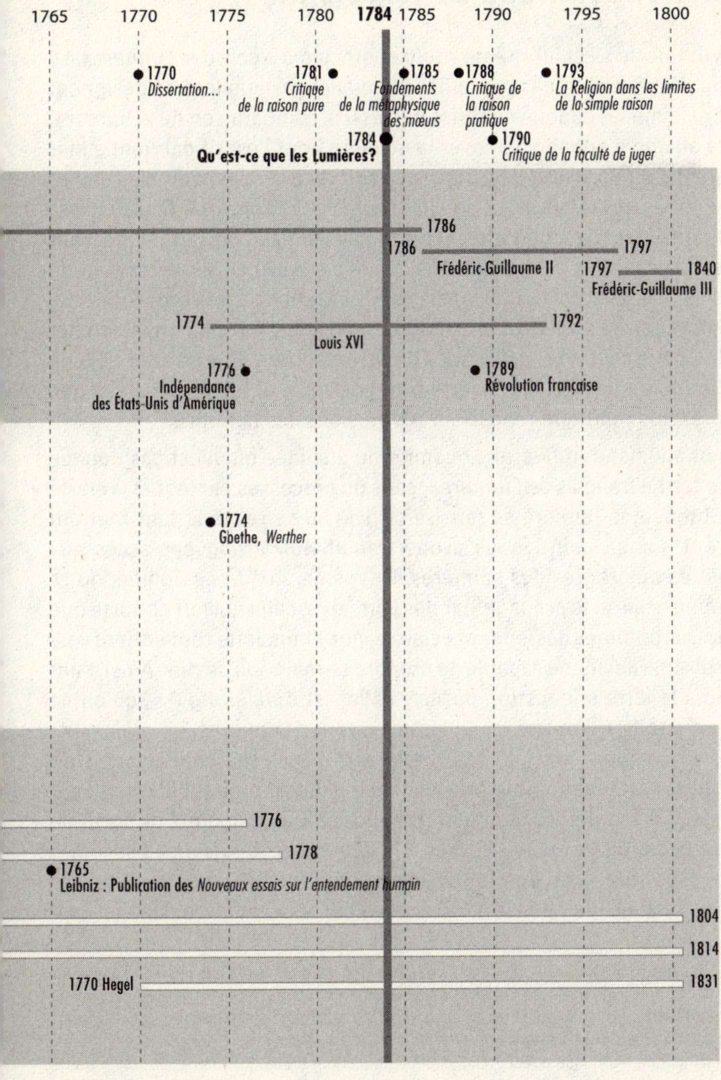
1765
1770
1775
1780
1784
1785
1790
1795
1800
1770
Dissertation...
1781
Critique de la raison pure
1785
Fondements de la métaphysique des mœurs
1788
Critique de la raison pratique
1793
La Religion dans les limites de la simple raison
1784
Qu'est-ce que les Lumières?
1790
Critique de la faculté de juger
1786
1786
1797
Frédéric-Guillaume II
1797
1840
Frédéric-Guillaume III
1774
1792
Louis XVI
1776
Indépendance des États-Unis d'Amérique
1789
Révolution française
1774
Goethe, *Werther*
1776
1778
1765
Leibniz : Publication des *Nouveaux essais sur l'entendement humain*
1804
1814
1770 Hegel
1831

CONTEXTE HISTORIQUE ET LITTÉRAIRE

Le XVIIIe siècle s'est lui-même voulu et proclamé *siècle des Lumières*. Le terme d'*Aufklärung* par lequel les Allemands désignaient et désignent encore la même époque contient lui aussi la comparaison de la lumière. Cette analogie [1] donne à penser la manière dont l'esprit parvient à l'intelligence de la nature des choses : comprendre, c'est voir clairement ce qu'on regarde. Mais il ne s'agit pas seulement du progrès des sciences ; l'homme éclairé peut en effet conduire sa vie ; au contraire, l'ignorant ou le superstitieux est perdu dans la nuit : esclave de ses erreurs et de ses illusions, il est prêt à croire les tyrans et à renoncer à sa propre liberté. L'homme éclairé s'est délivré de l'obscurantisme [2]. Voir clair pour marcher sur la bonne route, tel est le sens de la métaphore. Elle permet déjà de comprendre que raison et liberté sont une seule et même chose, et que l'oppression politique repose sur les illusions des hommes.

Le mot allemand *Aufklärung* [3] comprend une idée qui n'est pas donnée par le terme français de *Lumières*, celle du processus par lequel la clarté est obtenue, la lumière se fait, se diffuse ou se répand. Kant mettant l'accent sur ce point, nous avons traduit *Aufklärung* par accès *aux Lumières* ou progrès *des Lumières*. De même, *Aufklärer* signifie, outre l'homme éclairé, le propagateur des Lumières, celui qui fait en sorte que les autres hommes deviennent éclairés, que l'humanité tout entière voie clair et ainsi devienne capable de prendre en main son destin. Ainsi, Kant prend à la lette la question posée : « Was ist *Aufklärung ?* », qu'on ne devrait pas traduire par : « Qu'est-ce que les Lumières ? » mais par : « Qu'est-ce que le progrès des Lumières ? » Sans chercher ce que sont les Lumières et un homme éclairé, il demande comment l'homme peut accéder aux Lumières, comment il est possible à l'humanité de sortir de la nuit des préjugés pour accéder à la lumière de la raison, c'est-à-dire à la pensée libre. C'est donc aussi un propos politique : seuls des hommes libres, capables de penser par eux-mêmes, peuvent vivre dans un État

1. *Cf.* Glossaire : Analogie, p. 92. \ **2.** *Cf.* § 10, p. 14, *la peur de l'ombre*. Nous renvoyons à l'alinéa et à la pagination de l'opuscule dans notre traduction. Pour les autres œuvres de Kant, nous donnons sous le titre *AK* la pagination des œuvres complètes dans l'édition de l'académie de Berlin, cette pagination figure dans beaucoup de traductions françaises. \ **3.** Clarification d'un liquide, éclaircissement (explication) d'une question ; mission militaire de reconnaissance.

républicain et non despotique, c'est-à-dire dans un État où ils sont citoyens au lieu d'être les sujets d'un despote ou les esclaves d'un maître. Et cette libération, parce qu'elle fait d'eux des hommes capables d'user de raison, ne met pas en péril l'État et la religion : nous le verrons, en effet, cet opuscule répond aux objections des politiques et des prêtres qui considèrent que la libération des hommes entraînerait la ruine de l'ordre politique extérieur et de la moralité intérieure ; il montre comment les hommes peuvent se libérer du despotisme pour accéder à la vraie politique et à la vraie religion. La question des Lumières ainsi comprise est celle de l'éducation du genre humain – il s'agit donc de la philosophie de l'histoire – et tout le XVIIIe siècle se l'est posée [1] ; nous verrons pourquoi elle porte essentiellement sur la religion, et cela dans le cadre d'une analyse purement rationnelle.

Après quelques remarques historiques sur le siècle des Lumières, nous nous demanderons, avant de traiter plus directement le problème posé par Kant en 1784, ce que c'est que penser par soi-même. Nous ne proposerons pas ici un commentaire du texte ni un exposé de la philosophie kantienne, mais une libre réflexion. Nous nous risquons, en effet, à parler en d'autres termes que Kant pour aider à comprendre ce qu'il veut dire –, le paraphraser ou l'imiter ne servirait à rien ; et nous n'invitons ainsi à le lire et le comprendre que pour donner au lecteur l'occasion et l'élan d'une réflexion libre, non pour qu'il ressasse une fois de plus les pensées d'un autre, qui, pour être celles d'un grand homme, ne seraient pas les siennes, c'est-à-dire ne seraient pas des pensées.

REMARQUES HISTORIQUES

Un texte engagé est daté et inintelligible en dehors des circonstances où il a été écrit. En ce sens, il est sans universalité. Toutefois, ce peut être, comme l'opuscule de Kant que nous nous proposons de lire, un moment glorieux du combat que l'humanité mène pour ses droits, et d'abord pour la liberté de penser. Qui imagine encore aujourd'hui le poids qu'exerçaient sur les esprits les différentes formes de censure et les risques que prenaient ceux qui voulaient publier des livres dont le contenu n'était pas en accord, je ne dis pas avec telle religion, mais avec la manière

1. Lessing, *L'Éducation du genre humain*, 1780.

dont elle était officiellement comprise et imposée ? On doit se souvenir, par exemple qu'au début du XVIIe siècle Descartes a dû s'installer en Hollande pour assurer sa tranquillité. Il faut donc connaître l'histoire des batailles qu'il a fallu livrer pendant des siècles pour obtenir la liberté de penser et savoir que quelques grands esprits, aidés par le courage de quelques hommes moins profonds mais non moins hommes, ont combattu pour arracher aux autorités politiques et religieuses, despotiques et cléricales, la liberté de penser et de communiquer ses pensées, et l'ont emporté dans une certaine mesure et sous certaines latitudes. L'histoire évitera peut-être ainsi à ceux qui profitent aujourd'hui des victoires remportées par leurs ancêtres de détruire leur héritage. L'opuscule de Kant sur les lumières, qui s'inscrit dans cette lutte pour donner aux peuples le moyen de s'éclairer eux-mêmes, présente en outre un intérêt qui dépasse le cadre de l'histoire. Il rend compte à la fois des raisons pour lesquelles la liberté de penser est difficile à obtenir et à conserver, et de celles qui font qu'elle est essentielle et même peut seule servir de garantie à toutes les autres libertés et aux droits de l'homme en général.

Emmanuel Kant (1724-1804) est né sous le règne de Frédéric-Guillaume Ier, le Roi-Sergent, fondateur de l'armée prussienne, auquel succéda en 1740 son fils, Frédéric II le Grand (1712-1786). Les années 1740-1770 sont l'apogée des Lumières en Prusse (à ne pas confondre avec l'Allemagne, qui n'existe pas encore comme telle et est composée de multiples États). En 1784, date de notre opuscule, c'est la fin d'un règne ; les Lumières sont attaquées de toutes parts. Le successeur de Frédéric, son neveu Frédéric-Guillaume II, et son ministre Wöllner feront tout pour les détruire et mèneront une politique d'intolérance à l'égard de la presse et, plus généralement, de la vie intellectuelle et religieuse, ce qui vaudra à Kant de graves difficultés avec la censure, principalement pour la publication de sa philosophie de la religion. À la mort de Frédéric-Guillaume II, en 1797, Kant reprendra sa liberté d'écrire.

Kant ne devint célèbre dans le monde entier qu'après la publication de la *Critique de la raison pure*, en 1781 – et surtout de sa seconde édition en 1787. Jusque-là, il n'était qu'un professeur fort apprécié dans l'université de Königsberg (aujourd'hui Kaliningrad), sa ville natale qu'il ne quitta jamais. La philosophie kantienne des Lumières est donc une défense des Lumières qui vient après la période historique des Lumières et se présente elle-même comme la vérité de cette époque : l'essentiel des Lumières, c'est l'idée même de la critique, c'est-à-dire de liberté absolue du jugement, par quoi nous nous délivrons de nos préjugés, de nos superstitions, de nos illusions[1].

LE DESPOTISME ÉCLAIRÉ

Et ainsi, les Lumières, qui nous ont appris à nous délivrer des mythes et des idéologies[2], ont fini, chez les historiens qu'elles ont enfantés, par passer à leur tour pour un mythe ou une idéologie. Ces historiens, soucieux de ne pas trop grandir certains hommes ou mus par une étrange peur de l'admiration – autrefois, au contraire, l'histoire était d'abord histoire des grands hommes –, soutiennent que Frédéric II était particulièrement habile en propagande et sut faire passer son règne pour l'époque des Lumières. Il est vrai, en effet, qu'il fut plus puissant dans son royaume que Louis XIV dans le sien, rien ne limitant son pouvoir absolu, pas même les privilèges d'une noblesse comme en France. C'est donc le type même du souverain absolu : les États provinciaux de Prusse n'ont aucun pouvoir, le clergé est soumis au roi, la noblesse enrégimentée dans l'armée, et les ministres sont de simples exécutants. Mais il est vrai aussi qu'il se fit, par l'intermédiaire du ministre von Zedlitz (à qui est dédiée la *Critique de la raison pure*), le protecteur de pasteurs éclairés qui avaient été inquiétés pour avoir publié des livres jugés contraires aux directives officielles. Et, sans doute pour accroître son royaume, il fit de la Prusse un État moderne, rationalisant l'État, en fonction d'une certaine idée de l'intérêt général référée explicitement à celle de contrat social et non plus de droit divin. Le roi proclame qu'il veut servir l'État. Le sens de la fonction publique est incontestable dans la Prusse de ce temps-là. Il sut garantir la liberté de conscience et alla même, ce que D'Alembert réprouva, jusqu'à faire venir des jésuites français pour assurer l'enseignement des catholiques dans la Silésie, qu'il venait de conquérir. On

---

1. Préface de la première édition, citée p. 66 ; pour le mot *critique*, *cf.* p. 36. \ **2.** Nous entendons par idéologie une pensée qui prétend à la vérité mais qui n'est en réalité que l'expression d'intérêts politiques ou économiques.

voit que sa politique religieuse s'accordait avec son ambition. « Chez moi on fait son salut comme on l'entend. » Son but était d'unir les hommes de tous les partis en les faisant tous concitoyens. Il veilla, en restant soigneusement « entre Rome et Genève », à ce que les divergences toujours renaissantes des sectes religieuses n'allument pas une guerre civile. J.-J Chevallier remarque : « De nos jours, on contesterait trop volontiers l'esprit réformateur selon les Lumières en même temps que la sincérité du philosophisme (qualifié par R. Naves d'impénitent) de ce terrible et complexe Frédéric de Prusse. Despote éclairé, certes, si l'expression a un sens ! Éclairé, mais despote… »

On peut donc dire que le despotisme du roi avait besoin des Lumières comme instrument de propagande et comme moyen de gouvernement. C'était une façon de s'assurer l'alliance des meilleurs esprits de toute l'Europe que de leur donner la liberté de publier et de leur dire « Raisonnez tant que vous voudrez, mais obéissez ! », pendant qu'ailleurs ils devaient autant obéir, mais sans pouvoir raisonner. Ainsi, quels que soient les mobiles du roi, dont le principal est sans doute de faire de la Prusse une grande puissance européenne, il promeut les Lumières dans son royaume. Les universités sont florissantes : on publie des revues et des magazines, et la *Berlinische Monatschrift (Le Mensuel berlinois)* pose la question : « Qu'est-ce que les Lumières ? » dans son numéro de décembre 1783. On participe à des cercles de lecture. Au moment de la réaction des années 1790, les autorités se plaignent de la rage de lecture qui sévit partout et ne parviennent pas à remettre au pas l'université de Halle. Frédéric II lui-même, à quinze ans, en désaccord avec son père, a une bibliothèque de 3 000 volumes (il parle français ; sa gouvernante, Mme de Rocoules, et son précepteur, Duham de Jandun, sont des protestants émigrés après la révocation de l'édit de Nantes) et joue fort bien de la flûte. On dit qu'il interrompit un conseil des ministres pour aller saluer Jean-Sébastien Bach, qui, âgé, rendait visite à son fils, Karl Philipp Emmanuel, musicien officiel à Berlin.

Kant savait donc de qu'il parlait, et il était en outre le premier à comprendre que les visées impérialistes des princes sont une catastrophe pour l'humanité. Les douze années de guerre du règne de Frédéric ne font pas l'objet de ses éloges, et ses réflexions sur la paix et la folie des princes qui veulent toujours la guerre visent aussi bien le Grand Roi, quoiqu'elles ne le nomment pas. Il est en outre permis de dire que, l'éloge de Frédéric que nous allons lire datant de 1784, il était clair pour tout le monde que, le Grand Roi ayant soixante-douze ans, c'était la fin d'un règne, et l'on craignait la réaction des milieux orthodoxes, d'autant que l'héritier du trône n'était pas un esprit éclairé et libre, mais un homme faible et superstitieux.

LA VÉRITÉ D'UN SIÈCLE

S'il est vrai que notre opuscule s'inscrit dans une polémique et que, par conséquent, le philosophe prend part aux combats de son temps, la signification des propos de Kant n'est pas seulement relative aux circonstances des années 1780. Il ne définit pas les Lumières et l'humanité de l'homme par rapport à son siècle, que nous appelons encore le siècle des Lumières, mais il définit l'humanité par le progrès des Lumières et les Lumières par la liberté du jugement et la raison, et montre quel est le rôle de son siècle dans ce processus, quelle étape il a parcourue dans l'histoire universelle : celle précisément où l'humanité peut, non pas seulement en quelques grands esprits, mais en des peuples, prendre conscience de sa vocation. Ainsi, la Révolution française, par l'enthousiasme qu'elle suscitera dans toute l'Europe, apparaîtra à Kant comme la vérité des Lumières et de sa propre philosophie [1]. Ce serait un contresens sur l'intention même de ces pages de Kant que de subordonner la définition des Lumières à la définition du siècle, c'est-à-dire de réduire la philosophie kantienne à n'être qu'une pensée du XVIIIe siècle, qui ne pourrait donc plus être la nôtre, quand, au contraire, Kant considère sous quel aspect son siècle concourt à l'humanité en le référant à une exigence universelle [2].

LA LITTÉRATURE DU SIÈCLE

Le lecteur de Kant doit connaître la littérature du XVIIIe siècle, s'en pénétrer et en comprendre l'esprit, car Kant est de son siècle dans ce qu'il a de plus grand. Proudhon écrivait en 1849 : « Ce qui manque à notre géné-

---

1. Tel est l'objet de la seconde partie du *Conflit des facultés.* \ **2.** *Cf.* Bibliographie, p. 95, les ouvrages de Brunschwig et de Cassirer.

ration, ce n'est ni un Mirabeau, ni un Robespierre, ni un Bonaparte : c'est un Voltaire. » Ce qui manque au siècle suivant, c'est toujours l'ironie, « ironie, vraie liberté », que ne rendent guère les traducteurs de Kant, admirateur de Voltaire. Il faut lire Voltaire et *Candide*, où il est question des armées prussiennes, Swift (1667-1745), et la fin de son *Gulliver* sur l'étal politique et social de la Grande-Bretagne, Sterne (1713-1768) autant que Hume ou Montesquieu, Rousseau, Diderot, etc. Aucun talent ne dispense de culture.

Dans les années 1770 se développa en Allemagne un puissant mouvement littéraire, le *Sturm und Drang* (Tempête et Passion), qui contient une tendance antirationaliste ou même irrationaliste ; il met l'accent, chez un Johann Georg Hamann (1730-1788) par exemple, sur les forces obscures, instincts ou passions, opposant aussi bien la foi à la religion naturelle ou rationnelle de certains *Aufklärer* que le génie à l'art français, qu'on dit prisonnier de règles – on a appelé aussi cette époque en Allemagne « le temps des génies ». Il ne s'agit plus seulement, comme avec Lessing, de montrer la grandeur de Shakespeare et de donner aux Allemands une littérature. Herder, élève de Kant entre 1762 et 1764, invente pour ainsi dire le folklore et l'esprit du peuple, et ainsi paraît l'idée d'un art national, opposé à l'universalité abstraite des Français. Il redécouvre l'art gothique : sa rencontre avec Goethe à Strasbourg en 1769 et leur admiration pour la cathédrale est l'acte de naissance du *Sturm und Drang*, dont Goethe s'éloigne lorsqu'il s'installe en 1775 à Weimar. Ce mouvement a libéré la littérature allemande de la tutelle de la littérature et de la langue françaises : Goethe est devenu dans sa propre langue, et donc toujours en tant qu'Allemand, un auteur universel. Mais, dans son fond, un tel mouvement, dont le romantisme, avec sa sauvage et riche beauté, est le développement, n'ouvrait-il pas la porte aux nationalismes et aux particularismes qui devaient ensuite déferler sur l'Europe et n'ont toujours pas fini aujourd'hui de refuser les Lumières ? Le combat de Kant est d'abord un refus de toutes les formes d'irrationalisme.

PENSER PAR SOI-MÊME, SANS PRÉJUGÉ

Nous commencerons par nous demander ce que sont les Lumières, avant de suivre l'ouvrage de Kant, qui veut seulement dire comment il est possible à l'humanité d'y accéder.

Les Lumières, notre texte l'admet dans sa réponse à la question de savoir ce qu'est le progrès des Lumières, c'est la majorité : un homme éclairé est un homme majeur, un adulte. L'âge non pas du progrès vers les Lumières mais des Lumières, c'est l'âge de la pensée libre, où l'homme pense par lui-même. Pour savoir ce que Kant veut dire, il faut comprendre que penser par soi-même ne va pas de soi et présente une difficulté essentielle. En effet, nous nous imaginons généralement que nos pensées sont nécessairement les nôtres et que nos croyances nous appartiennent en propre. Et il est vrai que, si nous ne l'imaginions pas, elles cesseraient d'être nos croyances. Chacun tient à ce qu'il appelle ses opinions personnelles. Chacun se croit. Comprendre ce que sont les Lumières suppose donc que nous prenions conscience que nous ne pensons pas par nous-mêmes et que nous n'y parviendrons que par un long apprentissage ; et comprendre cela suppose que nous osions d'abord mettre en question nos propres croyances et même notre façon d'être vis-à-vis de nos croyances, c'est-à-dire notre attitude intérieure à l'égard de nous-mêmes. Mais comment admettrons-nous que la plupart de nos pensées, celles-là mêmes que nous disons personnelles, ne sont pas vraiment nos pensées ? Qu'elles sont en nous des préjugés, c'est-à-dire des croyances dont nous ne sommes pas les maîtres et qui proviennent de notre histoire ou de notre tempérament ? Qu'elles viennent de causes extérieures et non de notre propre jugement ? Nous leur avons donné notre assentiment, nous y avons acquiescé, nous leur avons dit oui – c'est cela, croire –, mais nous avons dit oui avant d'en avoir vraiment jugé, de telle sorte qu'elles sont en nous sans pourtant avoir été réellement pensées par nous.

Voilà une idée fort difficile à comprendre ; et la comprendre, c'est ouvrir la porte de la philosophie. Nous prendrons donc le temps de nous expliquer sur ce point.

La difficulté vient ici de ce que les hommes que nous sommes tiennent à leurs pensées et adhèrent naturellement à leurs croyances. Chacun a son avis sur beaucoup de questions et aime faire valoir son opinion personnelle. Il est dur de se demander si toutes ces pensées sont réellement personnelles, parce que le seul fait de poser la question signifie déjà – et cela, chacun le comprend immédiatement – qu'il faudra peut-être se séparer de ce qui nous est le plus cher : le seul fait de se poser la question suppose que nous admettions que ce que nous croyons peut être remis en cause. Or, sommes-nous prêts à admettre que nos pensées – nos croyances, nos opinions personnelles – je ne dis pas : sont, mais seulement peuvent n'être qu'un vêtement emprunté ? Car prendre pour nôtres des pensées que nous n'avons pas réellement pensées, c'est nous tromper sur nous-mêmes. Nous refusons d'imaginer que nos pensées pourraient n'être que des croyances étrangères car elles nous collent pour ainsi dire à la peau, et nous croyons qu'elles nous appartiennent en propre. Qu'un Socrate nous les arrache ou, seulement, nous fasse envisager que nous pourrions les ôter, et nous crions de douleur et de fureur. Il nous est difficile de séparer de nous-mêmes ce que nous croyons être une part de nous-mêmes.

Pourtant, même si nous admettons que nous sommes sincères quand nous prétendons avoir des opinions personnelles, qu'est-ce que des opinions personnelles ? Ce sont des pensées auxquelles nous tenons ; ce sont des croyances qui constituent notre pensée ou même notre être : mais que nous croyions tout ce que nous croyons, que nous en soyons persuadés, cela signifie-t-il que nous sommes vraiment capables d'en rendre raison et de dire sur quoi se fonde notre confiance ? Que chacun s'interroge réellement lui-même et se demande si ses opinions personnelles et tout ce qu'il croit savoir viennent de ce qu'il a réellement examiné les questions sur lesquelles il se prononce – auquel cas ces pensées sont vraiment les siennes, elles sont réellement personnelles ; sinon, s'il croit sans avoir réellement examiné l'objet de ses croyances, il faut admettre qu'elles ont pris place en lui sans qu'il les ait soumises à son jugement – ; elles peuvent être celles de sa famille, de ses maîtres, de ses lectures, de son journal ou de ses émissions de télévision, il peut les avoir adoptées par opposition à sa famille ou à tel ou tel milieu social contre lequel il se révolte ; elles peuvent encore provenir simplement de son tempérament ou de ses intérêts du moment. Qui ne s'est pas aperçu un jour qu'en réalité il avait cru, dans une situation donnée, ce qui, comme on dit, l'arrangeait ? Ce que croyaient ceux qu'il aimait ? Ce qui était dans l'air du temps ? Ainsi, il faut que nous examinions nos opinions et que nous nous demandions lesquelles proviennent effectivement d'un examen complet et solide de leur objet. Il est assez aisé de répondre à cette question, une fois qu'on a bien voulu se la poser – et c'est s'interroger vraiment qui est difficile. Les hommes que nous sommes ont réponse à tout, ils exigent d'être consultés sur tout, mais n'oublient-ils pas généralement que, pour savoir, il faut apprendre et qu'avoir des opinions n'est pas savoir ? La plupart de nos pensées sont des pensées toutes faites, pensées que personne n'a faites, disait Valéry, pensées qui sont en nous et que nous croyons nôtres, alors que nous ne les avons pas réellement formées par un libre et complet examen de leur vérité. Rien n'est plus proche d'un poncif que la chère opinion personnelle ; rien n'est moins libre. Nos croyances les plus fortes sont généralement des clichés ou, tout simplement, l'écho de notre époque. Nous prenons pour nôtre ce qui n'est que du prêt-à-penser. Au lieu d'être juges de ce que nous pensons, nous collons pour ainsi dire à nos opinions : « Un homme vraiment libre, disait Valéry, ne tient guère à ses opinions. »

SOCRATE

Le lecteur comprend mieux maintenant la difficulté de cette idée ; elle ne tient pas à sa complexité (comme c'est le cas au contraire des propositions des mathématiques supérieures ou spéciales), mais à ce que nous avons ici à nous interroger sur nous-mêmes, sur ce qui nous concerne directement. Les vérités mathématiques, en effet, nous importent fort peu, et il nous est tout à fait facile de pratiquer les sciences mathématiques en général sans aucun engagement de notre part, sans aucune réflexion qui risquerait d'entraîner un changement dans notre mode de penser et, par conséquent, dans notre manière de conduire notre existence. Il ne s'agit dans ce genre de pratique des sciences que d'être habile. Les Lumières (penser par soi-même) ne requièrent pas l'habileté ni même d'abord un changement d'opinion sur tel ou tel point, mais elles exigent de nous que nous changions notre mode de penser[1] plus que nos pensées. Devenir éclairé, c'est obéir à l'impératif socratique : « Connais-toi toi-même ! ». Nous apprenons ainsi à distinguer en nous-mêmes ce que nous comprenons réellement de ce qui n'est qu'apparence de savoir ; et prendre conscience que la plupart de nos opinions ne sont que semblant de compréhension, et que ces fantômes, ces apparences, président à notre propre existence, c'est découvrir qu'il va falloir changer non pas simplement d'avis sur telle ou telle question (rien ne serait plus aisé), mais de mode de vie, de façon d'être ; la décision de refuser ce qui n'est qu'opinion ou préjugé pour ne vivre que selon ce qu'on comprend réellement demande du courage – le seul vrai courage : l'intelligence véritable implique une conversion de nous-mêmes. Ainsi, l'enquête menée toute sa vie par Socrate auprès de ses concitoyens lui a permis de comprendre qu'il était le plus sage des hommes, parce que lui seul savait qu'il ne savait pas, quand tous au contraire s'imaginaient savoir sans pourtant savoir[2]. Et, pour finir, furieux de se voir sans cesse harcelés par lui « comme un cheval grand et de bonne race, mais un peu mou en raison même de sa taille » est excité par un taon[3], les Athéniens firent comme ont fait lorsqu'on est ainsi dérangé dans son sommeil, d'une tape on écrase l'insecte, ainsi Socrate finit condamné à mort pour avoir voulu éveiller ses contemporains à la pensée. Il est aisé d'apporter à quelqu'un une information et d'obtenir de lui de la reconnaissance. L'interroger socratiquement ou lui proposer seulement d'examiner ses pensées pour qu'il s'interroge lui-même sur les raisons qu'il a de les considérer comme vraies, c'est le forcer à envisager qu'il ait à se transformer lui-même intérieurement, de telle sorte que toute son existence d'homme s'en trouve changée ; aussi risque-t-il de le prendre assez mal. L'impératif socratique exige une conversion intérieure qui soit plus qu'une révolution politique. C'est en ce sens que Kant remarque qu'une révolution peut bien renverser le despotisme sans empêcher que de nouveaux préjugés reprennent aussitôt le dessus[4]. Si certains professionnels de l'intelligence – aujourd'hui démodés, il est vrai – n'ont cessé de proclamer

1. *Denkungsart* est un terme qui revient souvent sous la plume de Kant. \ **2.** C'est ce que raconte l'*Apologie de Socrate* de Platon, un des deux ou trois livres qui peuvent servir d'introduction à la philosophie. \ **3.** Platon, *Apologie de Socrate*, 30e. \ **4.** *Cf.* § 4, fin, p. 7.

qu'il n'y avait de salut pour l'homme que par une révolution politique, n'est-ce pas qu'ils n'avaient pas tenté la conversion socratique ? Qu'est-ce qui est le plus difficile et le plus urgent, transformer l'ordre extérieur ou parvenir à se transformer soi-même pour devenir un homme libre au sens fort de ce terme, c'est-à-dire un homme dont les pensées et les décisions ne découlent ni de ses préjugés ni de ses passions ou de ses intérêts ? Il est si aisé d'attendre sa liberté des événements...

« LA TERRE SE MEUT AUTOUR DU SOLEIL » : PRÉJUGÉ ?

Il faut ici, pour prendre la mesure de l'enjeu, considérer qu'il peut y avoir une opinion vraie ou un préjugé vrai qui n'est ni science ni intelligence : nous pouvons avoir une croyance vraie qui pourtant ne repose en nous sur aucune compréhension de ce qui en fait la vérité. Ainsi, la plupart d'entre nous prétendent savoir que la Terre tourne autour du Soleil, au point même de s'imaginer posséder ainsi une vérité scientifique. Qui, pourtant, est capable d'en rendre raison ? C'est dire que la plupart y croient *parce qu'on leur a dit* que c'était vrai, *non parce qu'ils ont compris* en quoi c'était vrai et en quel sens. Bref, ils croient que la Terre tourne autour du Soleil comme les petits enfants croient au père Noël, faisant confiance à ceux qui le leur ont dit. On comprend ainsi que la même proposition : « la Terre tourne autour du Soleil », est, dans un cas, une simple croyance et, dans l'autre, une proposition scientifique : elle n'est pas du tout la même selon qu'elle est simplement crue par un homme prisonnier de ses préjugés ou selon qu'elle est comprise par un esprit réellement éclairé ; et la différence qu'il y a entre les deux, c'est-à-dire entre un préjugé et une connaissance effective, tient à la disposition d'esprit de celui qui, dans un cas, admet sans comprendre et, dans l'autre, comprend. La différence n'est pas d'abord dans ce qui est admis, mais dans la manière de l'admettre ; elle n'est pas dans ce qui est cru, mais dans la façon de le croire : elle est intérieure à la pensée et consiste dans le mode de pensée. Précisons, au risque de déplaire : celui qui croit son professeur de mathématiques ou de physique parce qu'il lui fait confiance est un imbécile, celui qui le croit parce qu'il a compris les mathématiques ou la physique est intelligent. Celui qui s'imagine avoir en sa possession des vérités scientifiques, alors qu'il n'en connaît pas les démonstrations, qu'il ignore le chemin qui y conduit, les raisons qui font qu'on peut les affirmer, celui-là est pire qu'un ignorant car il croit savoir quand, en réalité, il ne fait que croire ; il est dans la superstition.

Retenons qu'accéder aux Lumières n'est pas tant remplacer des opinions par d'autres, de fausses par de vraies, que changer de façon de penser, se transformer soi-même intérieurement, de telle sorte qu'au lieu de préjuger on juge effectivement. Car c'est préjuger que croire une vérité par confiance en tel ou tel homme au lieu de chercher soi-même à la comprendre. La différence qu'il y a entre la pensée éclairée et la pensée qui préjuge est dans l'attitude du penseur à l'égard de ses propres pensées ; et, en ce sens, elle est plus grande encore que la différence du vrai et du faux (entendue comme différence entre deux propositions, l'une fausse : le Soleil tourne autour de la Terre, l'autre vraie : la Terre tourne autour du Soleil).

Celui qui dit savoir une vérité scientifique dont il est incapable de rendre raison ne se comprend pas lui-même ; il n'a pas conscience de l'insuffisance radicale de son propre savoir ; il ne sait pas mais croit savoir, ce qui est pire qu'ignorer. L'ignorance consciente d'elle-même n'est pas une faute ; être ignorant sans le savoir – ignare – est une faute, source de tous les maux. Celui qui sait vraiment ou qui, comme Socrate, sait qu'il ne sait pas, celui-là se connaît lui-même, et sa science est aussi sagesse. Cette simple idée permet de comprendre peut-être toute la philosophie, qui, en effet, ne se contente pas d'un savoir sur les choses mais est toujours en même temps un savoir du savoir ou du sujet du savoir, un savoir où celui qui sait se prend lui-même toujours en compte dans ce qu'il sait. En d'autres termes, c'est un savoir qui n'est jamais seulement objectif mais toujours en même temps réflexif. Aussi, les Lumières appartiennent-elles fondamentalement à la philosophie.

Vouloir imposer dans l'enseignement les résultats de la science sans donner les démonstrations, c'est renoncer à l'idée même d'un enseignement scientifique. Ce faux enseignement scientifique, même s'il se trouve qu'il énonce parfois des vérités, demande qu'on croie sans savoir ; par conséquent, il contribue à enraciner en chacun l'habitude de préjuger, ou de dire oui sans comprendre pourquoi, de croire sans savoir ; c'est cultiver la servitude : car un homme qui se range sans cesse à l'opinion des autres sans jamais pouvoir lui-même juger est un esclave. Une école qui propose les résultats de la science sans la démarche qui les rend intelligibles prépare le despotisme ; elle sape les fondements de la République, car la République suppose des citoyens, c'est-à-dire des hommes capables de décider de leur sort, et donc libres, majeurs, adultes, sans préjugés. Notre temps est-il celui des Lumières et de la liberté d'esprit ? Il y a en tout cas une façon de faire des sciences qui est le contraire des Lumières, parce qu'elle enferme les hommes dans l'habitude de croire sans comprendre et de se fier aux jugements d'autrui sans jamais user de leur propre entendement. Au contraire, le seul intérêt d'une véritable instruction mathématique serait d'apprendre à user de son propre entendement. Et tel est le « vrai usage[1] » des mathématiques selon Descartes, dont l'exigence de liberté et de raison est cela même que Kant développe sous le nom de Lumières.

DESCARTES

Il faut répondre à une objection qui ne manquera pas d'être faite par beaucoup, sinon par la plupart : tout ce qui vient d'être dit ne revient-il pas à imposer à chacun un programme impossible, parce que, enfin, si l'on veut démontrer tout, comprendre tout, il faut être mathématicien, physicien, chimiste, etc., et que personne n'est capable d'apprendre toutes les sciences ? Il faut donc faire confiance à ceux qui les pratiquent et se contenter des résultats. Cette objection est vide. Les Lumières ne sont pas l'accumulation des connaissances, et l'on sait que souvent « un homme extrêmement riche de connaissances » est « le moins éclairé lorsqu'il s'agit d'en user[2] ». La maxime des Lumières : « Ose penser par toi-même ! », n'invite pas à tout apprendre, mais c'est « un principe négatif de l'usage de la faculté de connaître[3] », qui consiste dans l'interdiction que l'homme libre se fait à lui-même de laisser sa raison passive. Un tel homme saura, comme on dit, beaucoup de choses dont il aura seulement entendu parler ; mais il saura aussi – et c'est là le vrai savoir – que ce ne sont que des connaissances par ouï-dire, utiles, mais non de véritables connaissances scientifiques, puisqu'il ne peut en rendre lui-même raison. Remarquons-le, l'instruction des enfants à l'école, et même jusqu'à un âge assez avancé, n'a pas à faire état de ce que l'élève

---

1. Descartes, *Discours de la méthode*, première partie. \ **2.** Kant, *Qu'est-ce que s'orienter dans la pensée ?* note finale, citée p. 43. \ **3.** *Ibid.*

n'est pas en mesure de comprendre, si du moins il s'agit de lui apprendre à penser par lui-même [1]. Il est manifeste qu'il faut remettre à plus tard les résultats qu'il n'est pas encore en mesure de comprendre et commencer par lui présenter ce qui peut être expliqué et compris par lui. Seulement, il faut pour cela avoir compris quel est le « véritable » usage des mathématiques, c'est-à-dire ce à quoi elles doivent en effet servir, et ne pas le confondre avec leur usage dérivé et second : elles peuvent, en effet, servir aux ingénieurs pour construire des ponts, aux artilleurs, etc. Or, c'est justement parce qu'elles ne servaient qu'à ce genre d'usage que Descartes fut déçu par les mathématiques qu'on lui apprenait à l'école. Il remarqua qu'étant des sciences démonstratives elles pouvaient servir à habituer l'esprit à ne pas se contenter de fausses raisons [2] et, ainsi, nous permettre d'apprendre à penser par nous-mêmes au lieu de préjuger. Au sortir de l'école, vers l'âge de vingt ans, il reprit donc en main toute son instruction personnelle et commença par consacrer dix années de sa vie à s'entraîner à penser droitement. C'est durant cette longue période préparatoire qu'il réforma la géométrie, moins pour donner aux hommes un nouveau traité de mathématiques (ce qu'est en effet *La Géométrie* de 1637) que pour rendre autant que possible les mathématiques propres à leur véritable usage. La seconde partie du *Discours de la méthode* est le récit de cette extraordinaire entreprise. N'est-il pas étrange que les hommes se soucient généralement de leur entraînement physique et admirent les athlètes, tandis que ceux qui, comme Descartes, savent bien conduire leur entraînement intellectuel et moral sont rares et ignorés ? Qui sait, en effet, à part quelques « spécialistes », que la fameuse méthode ne fait au fond qu'exprimer l'esprit de cet entraînement [3] ?

Si les mathématiques sont le meilleur entraînement de l'esprit, il faut pour cela qu'elles soient pratiquées en vue de cette fin, dans cette intention, et non pour former des ingénieurs ou des commerçants, ou même des mathématiciens de profession. Il est vrai qu'il faut des mathématiciens, des techniciens et des marchands, il faut donc aussi leur apprendre

1. On comprend donc que vouloir que les programmes scolaires suivent le dernier cri de la recherche scientifique est une faute contre l'esprit… \ **2.** Descartes, *Discours de la méthode*, seconde partie. \ **3.** Henri Gouhier. *Descartes, essais sur le* Discours de la méthode, *la métaphysique et la morale*, Vrin, 1973.

leur métier ; mais si l'on ne se soucie que de cela, la vertu intellectuelle des mathématiques est oubliée. Nous demandons seulement au lecteur de se poser la question suivante : la domination contemporaine de l'enseignement dit scientifique repose-t-elle sur le dessein de faire que les hommes apprennent à penser ou bien sur la croyance en l'utilité économique et sociale des sciences ? Est-elle fondée sur le souci de l'intelligence ou sur le désir d'accroître les richesses et la puissance des États ? Le sens cartésien de la véritable fonction des mathématiques est aujourd'hui perdu. Descartes pratiquait les mathématiques pour devenir plus homme : il voulait apprendre à comprendre, s'entraîner à bien user de sa raison, s'exercer à penser et ainsi se préparer à conduire sa vie d'homme le mieux qu'il est possible.

ENQUÊTE, DOUTE, CRITIQUE

Réfléchir sur les Lumières revient donc à faire comme Descartes, qui commence son *Discours de la méthode pour bien conduire sa raison et chercher la vérité dans les sciences* par l'examen de tout ce qu'il a appris depuis sa jeunesse, à l'école, dans les livres et au cours de ses voyages, pour conclure que, sans doute, les mathématiques sont le seul savoir véritable qu'il ait rencontré, car elles seules sont une connaissance démonstrative et que, par conséquent, il doit mettre en doute tout ce qu'il croit s'il veut un jour, en dehors des mathématiques, posséder une véritable science. Kant considère que les Lumières, c'est premièrement la *critique* ; il est ainsi le successeur de Descartes et le sait. Qui veut devenir éclairé doit donc cesser de croire ses maîtres et prendre en main sa propre instruction, c'est-à-dire oser faire la critique de tout l'enseignement qu'il a reçu comme de toutes les croyances qui l'habitent. Car la critique de cet enseignement n'est pas d'abord celle d'une institution ou des hommes qui la composent, elle consiste en la critique de soi par soi – et c'est là toute la difficulté. Il faut prendre la décision de ne plus se contenter de croire et même s'entraîner afin de perdre l'habitude de préjuger qui s'est enracinée en chacun depuis l'enfance. Cette enquête est aussi bien socratique que cartésienne, elle est le principe même de l'idée kantienne des Lumières. On ne se pressera donc pas trop d'opposer les philosophes les uns aux autres ni de croire que leurs pensées sont celles de leur époque, de telle sorte qu'il n'y aurait pas de communication possible entre eux ou que la réponse kantienne ne vaudrait que pour son siècle. C'est que les philosophes n'expriment pas des opinions mais des pensées. Voilà pourquoi Platon et Hegel, par exemple, ne sont pas seulement dits philosophes par homonymie.

CRITIQUE ET NON-CONTESTATION

La pensée éclairée est d'abord critique d'elle-même, et tel est le premier moment de la pensée adulte, la première étape pour qui veut penser par soi-même. *Critiquer*, c'est *juger* – *crisis*, en grec, c'est *jugement*. C'est, en un sens, un moment seulement négatif de crise. Il faut donc prendre garde : ne nous précipitons pas à confondre le refus ou plutôt la *contestation* avec la *critique*. Il ne suffit pas de s'opposer aux autres pour être libre. Penser contre les autres n'est pas penser par soi-même et le goût du paradoxe en a perdu plus d'un, qui refusait pourtant avec raison de croire. Nous n'avons donc ni à répercuter passivement les croyances communes, ni à en prendre le contre-pied : l'opposant est prisonnier de ce à quoi il s'oppose, son discours demeure relatif à son contraire. Fausse dialectique, celle qui oppose sur une question le pour et le contre ; fausse question que celle de savoir si l'on est pour ou contre. C'est pourquoi vouloir que les apprentis philosophes se mêlent de donner leur avis sur toute chose et les inviter à débattre avant de les instruire – ce qui prend des années – est doublement vain : l'opinion personnelle qu'on leur propose de faire valoir est d'abord un préjugé, et la liberté qu'on leur donne de dire non est purement illusoire. Organiser des débats dans les classes et enseigner les mathématiques sans les démonstrations relèvent du même obscurantisme.

PRÉJUGÉ ET PRÉSUPPOSÉ

S'il fallait, pour comprendre une vérité et nous assurer que nous ne préjugeons pas mais comprenons, que nous ne faisons pas que croire sans savoir mais savons, s'il nous fallait pour cela dégager tous les présupposés de notre pensée (qu'il s'agisse de ses présupposés logiques et rationnels, ou de ses présupposés historiques), nous n'aurions jamais la possibilité d'affirmer quoi que ce soit de certain, pas même que le monde existe ou que deux et deux font quatre. Il suffit ici de partir d'une remarque : nous ne pouvons séparer la formation et la conception de nos pensées de leur formulation ; or, cette formulation suppose toujours une langue que nous n'avons pas inventée et qui a une longue histoire. Cette langue dont tant d'hommes ont usé avant nous véhicule des significations que notre pensée n'a pas créées et qu'elle présuppose donc toujours malgré elle. Ainsi, nul ne peut faire que le mot *esprit* qu'il utilise ne contienne pas une comparaison entre le souffle du vent et la pensée, et, par conséquent, nul ne peut éviter de présupposer une certaine façon de penser analogiquement la pensée. Descartes lui-même utilise ce terme alors qu'il prétend avoir douté de tout et veut signifier l'hétérogénéité radicale de la pensée et du corps. Faut-il conclure qu'il n'a pas réellement douté, puisqu'il parle des langues dont il n'a pas examiné les présupposés ? Faut-il exclure que nous puissions, comme il le veut, partir de zéro sur des bases absolument déblayées de tout préjugé ? Si cela était vrai, nul jamais ne pourrait rien dire de certain. Si, pour nous comprendre nous-mêmes, il nous faut une herméneutique [1] qui mesure toute l'épaisseur de signification dont est lourde notre parole, alors nous n'aurons jamais la moindre compréhension de rien. Certes, il est bon, et c'est en effet une tâche philosophique, de chercher toujours d'autres présupposés de nos pensées les plus claires. Toutefois, le projet d'un tel examen n'est lui-même sensé que si celui qui l'entreprend a déjà l'assuran ce qu'il comprend sans attendre d'avoir tout compris de ce qui est présupposé dans sa compréhension, avant même de chercher ses présupposés. Concluons que la pensée la plus claire est toujours lourde de présupposés qui peuvent encore être élucidés. Mais il faut qu'une pensée sans préjugé soit possible, qui peut être certaine d'elle-même et assurée qu'elle ne dépend pas de croyances insoupçonnées ou de faux principes, pour que l'implicite de cette pensée puisse être dégagé. Bref, une pensée sans préjugé est possible, qui n'est pas une pensée sans présupposé, et c'est ce que voulait dire Descartes.

Ainsi, lorsque, doutant de tout sans exception, je découvre que je doute, je suis, j'existe, j'ai là une certitude entière de ma propre existence d'être qui doute ou qui pense. Je sais ainsi fort peu de choses, mais j'en suis absolument certain. Je pourrai seulement ensuite réfléchir sur les pré-

---

1. *Cf.* Glossaire : Herméneutique, p. 93.

supposés de cette première connaissance, et ainsi sur l'axiome : « tout ce qui pense est », mais cette connaissance implicite qui précède toujours l'acquise n'est pas un préjugé. Confondre préjugé et présupposé conduit à ignorer le sens du doute cartésien et de la philosophie des Lumières. Mais c'est ignorer qu'il n'y a de philosophie et de compréhension tout court que pour la pensée sans préjugé, et c'est cela que Kant, continuateur délibéré de Descartes, appelle les Lumières.

Il est vrai qu'un approfondissement de notre compréhension des textes philosophiques exige une reprise du passé de la philosophie, qui nous fait découvrir sans cesse de nouveaux présupposés de notre propre compréhension, ce qui veut dire qu'il est vain de s'en tenir à une compréhension prétendument immédiate. Toutefois, il est clair que, si la lecture de la moindre page supposait la maîtrise de toute la tradition à l'intérieur de laquelle nous la lisons en effet, jamais nous ne pourrions même commencer à lire. Ainsi, Gadamer[1] veut avec raison que nous ne nous imaginions pas qu'avant nous il n'y a rien eu ou que nous ne sommes pas tributaires d'une histoire. Notre pensée s'inscrit en effet dans une tradition qu'elle a à comprendre. Mais prétendre que le refus cartésien de tout préjugé et la volonté de tout reprendre à zéro sont vains, au point même de faire un éloge du préjugé qui confond préjugé et présupposé, c'est se tromper. Si, à chaque moment de l'histoire de la philosophie, il n'était pas possible à chaque esprit qui le veut de s'assurer par lui-même de la vérité de ce qu'il dit sans avoir à retrouver par l'analyse du langage et de l'histoire tous les présupposés de ses mots et de ses discours, nous n'en aurions jamais fini de nous demander ce que présuppose à notre insu notre propos, et il faudrait être sceptique. Il faut donc qu'avant de considérer tous ces présupposés et tout le poids de la tradition nous soyons capables de nous assurer de la vérité de notre propos, et cela sans préjuger mais aussi sans avoir à rendre compte d'abord de tous les présupposés de notre pensée, qu'il s'agisse des présupposés empiriques ou des idées innées elles-mêmes, dont nous usons avant de les formuler pour elles-mêmes. C'est dire que tout philosophe commence comme Descartes par exposer ses propres pensées comme s'il était le premier à philosopher. La rupture avec l'histoire qui nous a précédés n'est donc pas de fait, mais de droit, et toute pensée philosophique, c'est-à-dire majeure,

---

1. *Cf.* Gadamer, qui, à la suite de Heidegger, expose la thèse contraire à la nôtre, dans *Vérité et Méthode*, Seuil, 1976, par exemple, pp. 109-113.

l'accomplit. Elle ne signifie pas que nos prédécesseurs se sont trompés et que leurs pensées ne sont que préjugés mais que quiconque ne prend pas la peine de chercher et de comprendre la vérité par soi-même, quiconque s'imagine que les œuvres des autres le dispensent de penser, ne pense pas, et l'histoire de la philosophie n'est pour un tel homme que l'histoire des idées des autres, histoire sans la moindre trace de philosophie. Au contraire, pour celui qui prend en main ses propres pensées, il est possible de retrouver, mais selon un ordre qui est celui de sa méditation personnelle, c'est-à-dire en lui-même ou intérieurement, les grands philosophes, et ainsi de les comprendre vraiment : c'est de cette manière que nous proposons ici à notre lecteur notre propre façon de comprendre, c'est-à-dire de reprendre Kant dans le cours de nos propres pensées. Ne peut donc trouver de la philosophie dans un livre de philosophie que celui qui a déjà opéré la conversion philosophique, c'est-à-dire pense par lui-même. Aucun livre ne peut nous en dispenser. Si plusieurs sont de grands signes qui nous y invitent, ces monuments de l'esprit sont des admonestations à penser par soi-même, mais non des recueils d'opinions – même vraies – et de pensées toutes faites. Ces livres ne contiennent de trésors que pour ceux qui savent les faire revivre.

HEGEL ET LA VÉRITÉ DES LUMIÈRES

Il y a entre Descartes et Kant un fond d'accord qu'il convient de considérer avec attention. Pour celui pour qui la philosophie n'est pas une chose extérieure mais sa propre pensée, en effet, les philosophes s'accordent fondamentalement, foncièrement, plus qu'on ne le croit généralement. Et lorsque Hegel montre l'insuffisance radicale de ce qu'on appelle la philosophie des Lumières, il commence par rendre compte de l'esprit de liberté qui la constitue et qui, comme tel, est absolument indépassable et appartient à toute vraie philosophie. Les Lumières, c'est l'affirmation de l'identité de l'esprit et de la liberté.

La *Phénoménologie de l'esprit* de Hegel met l'accent sur ce qu'il y a de négatif et d'insuffisant en elles ; les Lumières sont définies comme un moment nécessaire de l'histoire de la conscience. Elles sont l'esprit dans ce qu'il a de dissolvant, en lutte contre le despotisme et le clergé, mais ignorant finalement la spiritualité : raison impure, parce que polémique, la pensée des Lumières sombre dans le matérialisme et le naturalisme. Disons, sans suivre la difficile dialectique hégélienne, que l'esprit qui ne sait que dire non, qui n'a conscience de lui-même que comme négation de tout, ne trouve en dehors de lui qu'une matière à transformer : c'est la raison sans principe et l'entendement sans règles dont Rousseau a déjà fait la critique radicale. Cette raison n'est plus qu'un moyen au service de nos désirs ; technicienne, elle est nécessairement serve car elle donne des moyens mais ne définit aucune fin proprement humaine : seul compte l'utile, « ce qui sert à... » ; est servile ce qui sert, ce qui n'a de sens ou ne vaut qu'en tant qu'il est utile. L'utile, étant toujours « utile à... », a par conséquent son essence en dehors de lui-même. Tout ce qui se réduit à l'utile est purement relatif et peut toujours être rapporté à autre chose que soi.

Cette représentation d'une raison calculatrice au service des désirs, capable seulement de transformer la nature par la mise en œuvre de sciences positives et de techniques, a peut-être dominé le monde contemporain, mais ce n'est pas cela, les vraies Lumières. Kant lui-même s'y opposait et remarquait : « C'est une objection aussi mal avisée qu'injuste que les esprits superficiels adressent aux grands hommes qui consacrent aux sciences des soins laborieux, lorsqu'ils viennent demander : à quoi ça sert ? » Celui qui ne trouve pas de satisfaction dans le seul fait de connaître, de comprendre pour comprendre, celui-là ne se sait pas esprit, il ignore, ce que Platon au contraire avait remarqué, que « l'homme prend alors conscience de sa valeur propre. Les hommes qui ne sentent pas cela doivent envier les bêtes [1] ». Si l'intelligence est seulement utile, cela veut dire qu'elle peut servir à quelque chose, mais que comprendre n'est pas une fin en soi, que ce n'est pas une activité à laquelle on puisse s'adonner pour elle-même. Le primat de l'utilité signifie le refus de penser pour le principe. L'intelligence n'est plus dès lors qu'un organe ou un instrument, elle n'a plus de valeur en elle-même, mais seulement en tant qu'elle nous permet de satisfaire nos désirs, c'est-à-dire tout ce qui en nous est lié à notre animalité ; et, comprendre n'ayant plus d'intérêt en soi même, mieux vaudrait en effet que nous soyons des bêtes, c'est-à-dire que notre vie soit réglée par l'instinct. À quoi bon la raison en l'homme si c'est seulement pour courir après des plaisirs que l'instinct permet à l'animal de se procurer plus aisément ?

Ainsi, la limite de ce qu'on appelle la philosophie des Lumières n'est pas dans l'idée de liberté de la pensée ou de pensée sans préjugé (et c'est

1. Kant, *Logique*, Vrin, p. 45 ; *AK*, IX, 42.

cela que Kant retient des Lumières, c'est de cela qu'il fait la vérité des Lumières), mais dans un certain naturalisme qui est celui d'Holbach ou d'auteurs de ce rang, que combattaient déjà Rousseau et Kant. Le jugement de Hegel – et le cours d'histoire de la philosophie[1] est plus clair et plus complet que la *Phénoménologie de l'esprit* – sauve entièrement les Lumières de cette caricature naturaliste et matérialiste. L'aspect négatif et critique des Lumières est le moment de la prise de conscience de soi par laquelle l'esprit accède à lui-même, de telle sorte que la raison n'admet plus que ce qui procède d'elle-même. D'où l'éloge hégélien des « écrits philosophiques français », de leur « étonnante énergie, cette force du concept en lutte contre l'existence, contre la foi, contre toute la puissance de l'autorité établie depuis des millénaires ». Ils expriment « la plus profonde indignation contre tout ce qui est en vigueur » ; « c'est une certitude de la vérité de la raison », laquelle « a brisé tous les préjugés et en a triomphé ». C'est ainsi que la liberté, comme Hegel l'admet lui-même, s'est inscrite dans l'histoire du monde grâce aux Français : « Nous autres Allemands – Hegel s'adresse à ses étudiants –, nous sommes en premier lieu passifs vis-à-vis de l'ordre établi ; en second lieu, s'il est renversé, nous sommes encore passifs : il a été renversé par d'autres, nous nous le sommes laissé enlever, nous avons laissé faire. » La suite prend la défense de Frédéric II, dont les limites de la politique tiennent à ce que personne en Prusse ne voulait de réforme. « Il est stupide qu'il soit aujourd'hui en prise aux attaques de la bigoterie et du faux germanisme. »

Hegel savait et regrettait que les Lumières aient trouvé en Allemagne dès le début du XVIIIe siècle une opposition telle que le terme d'*Aufklärung* y avait un sens péjoratif. La revue berlinoise où Kant a publié en 1784 notre opuscule était traitée de « clique » ou de « bande berlinoise des Lumières », ou même, parce qu'elle donnait la parole à des penseurs de religion juive, de « synagogue des Lumières ». En 1793, Kant remarque[2] que le mot *Lumières* est tourné en dérision, comme celui de *vertu*. Le *Conflit des facultés* note[3] que les politiques décrient sous le nom d'*Aufklärer* – propagateurs des Lumières – les philosophes qui osent se donner la liberté de publier leurs réflexions sur les droits de l'homme.

1. Pour ce qui suit, *cf. Leçons sur l'histoire de la philosophie*, t. 6, *La Philosophie moderne*, Vrin, 1985, p. 1774 *sqq.* \ **2.** *La Religion dans les limites de la simple raison*, Vrin, p. 95. \ **3.** *Le Conflit des facultés*, II, 8.

Cette tradition du refus des Lumières est toujours vivace, aussi bien en France qu'en Allemagne. Par une étrange ignorance, on va même en France jusqu'à donner de l'Allemagne une représentation fausse, en privilégiant l'Allemagne irrationaliste et ennemie des Lumières.

LAÏCS ET CLERCS

Mais revenons à la formulation hégélienne de la vérité des Lumières – d'abord françaises, selon Hegel – qui ne fait au fond que reprendre celle de Kant : « Les philosophes avancèrent et soutinrent [...] l'idée que les hommes ne devaient pas être dans la position de laïcs, ni relativement à la religion, ni relativement au droit ; en sorte qu'il n'y ait plus sur le plan religieux, une hiérarchie, une élite formée de prêtres, ni, sur le plan juridique, une caste, une société exclusive (ils ne voulaient pas non plus de juristes), à laquelle serait réservée la connaissance de ce qui est éternel, divin, vrai et juste, et qui pourrait commander et diriger les autres hommes... » C'est reprendre mot pour mot *La Religion dans les limites de la simple raison*[1]. Selon le sens de ces mots en grec, le *clerc* est un lettré, le *laïc*, l'homme du peuple, considéré par opposition au clerc comme ignorant (profane en telle ou telle matière). Kant ou Hegel ne veulent pas dire qu'il est possible de supprimer la distinction des savants et des ignorants. Et il est manifeste que la coopération des hommes suppose des techniques ou des savoirs spécialisés : chacun se trouve donc ignorant en dehors de son propre domaine. Ainsi, la construction d'un pont est assurée par un expert, les autres hommes, dans leur ignorance, lui faisant confiance sans qu'il y ait là pour eux rien d'avilissant ou de dégradant. Toutefois, la religion et le droit concernent tout homme en tant qu'homme ; c'est pourquoi nul ne saurait ici se contenter de s'en remettre à la compétence d'un spécialiste, à moins de rester mineur et, se soumettant à un tuteur, de renoncer à sa dignité d'homme. Que les droits de l'homme dépendent en effet de clercs, et la liberté de la plupart des hommes sera à la merci d'une caste qui ne manquera pas de cultiver leur ignorance pour les maintenir plus longtemps sous son joug.

---

1. *La Religion...*, III, 1, 7 ; *AK*, VI, 122 *Cf. infra*, p. 86.

PENSER PAR SOI-MÊME : DÉFINITION

La note finale de l'article « Qu'est-ce que s'orienter dans la pensée ? », paru en octobre 1786 dans *Le Mensuel berlinois*, résume tout ce que nous avons dit jusqu'ici : « Penser par soi-même signifie chercher en soi-même (c'est-à-dire dans sa propre raison) la pierre de touche [1] suprême de la vérité ; et la maxime qui nous dit de toujours penser par nous-mêmes est l'*Aufklärung*. Cela suppose beaucoup moins de choses que ne l'imaginent ceux qui font consister l'*Aufklärung* dans des connaissances ; elle consiste plutôt en un principe négatif de l'usage de la faculté de connaître, et il arrive souvent qu'un homme extrêmement riche de connaissances soit le moins éclairé lorsqu'il s'agit d'en user. Se servir de sa raison ne veut rien dire d'autre que se demander soi-même ceci, pour tout ce qu'on doit admettre [comme vrai] : puis-je bien ériger en principe universel de l'usage de ma raison la raison pour laquelle je l'admets, ou la règle qui résulte de ce que j'admets ? Chacun peut ainsi se mettre lui-même à l'épreuve ; et il verra que cet examen fait aussitôt disparaître superstition et extravagance *(Schwärmerei)*, quoiqu'il soit loin d'avoir toutes les connaissances qui permettent de les réfuter toutes deux par des raisons objectives. Il n'a en effet besoin que d'obéir à la maxime de la conservation de soi *(Selbsterhaltung)* de la raison. Il est donc facile d'implanter l'*Aufklärung* dans les sujets particuliers en les instruisant ; il faut seulement commencer de bonne heure à habituer les jeunes têtes à cette réflexion. Au contraire, éclairer une époque demande beaucoup de temps ; car il y a beaucoup d'obstacles extérieurs qui rendent ce genre d'éducation impossible ou difficile. » Une pensée libre est une pensée universelle : une pensée dont je sais qu'elle ne procède pas en moi de ce qui m'est particulier (mon éducation, mon tempérament, le lieu ou la date de ma naissance, etc.) mais de ce que je comprends, c'est-à-dire de ce que tout homme qui consulte sa raison peut aussi comprendre s'il le veut. À tout le moins cette maxime négative de la pensée sans préjugé nous permet-elle de mettre en doute nos croyances et de ne pas nous en laisser imposer par les charlatans : celui qui décide de s'en tenir à ce qu'il comprend, et à cela seulement, celui-là est en effet délivré des superstitions – il ne croira plus aux fantômes, à l'astrologie, aux fausses

1. Le critère, ce qui permet de juger de…, de reconnaître.

sciences en général – et des croyances par lesquelles on s'imagine parfois s'élever à Dieu sans pourtant voir clair, dans la chaleur des sentiments et des intuitions, c'est-à-dire de tout élan religieux irrationaliste (la *Schwärmerei*, que l'on traduit généralement par *extravagance*). Le despotisme et l'irrationalisme vont de pair parce que c'est la même chose pour l'homme qu'être esclave d'un maître ou de ses propres illusions. Dans les deux cas, il ne se gouverne pas lui-même, il est soumis a une loi dont il n'est pas l'auteur – cela s'appelle l'hétéronomie. Au contraire, le gouvernement de la raison est autonomie. L'homme, en effet, qui marche en fonction de ce qu'il voit et comprend, sachant ainsi ce qui est le meilleur pour lui et vivant donc selon sa propre raison, un tel homme est libre et adulte, il fait réellement ce qu'il veut.

La *Critique de la faculté de juger*, en 1790, donne une autre formulation de l'impératif des Lumières, c'est la première maxime du sens commun (ou de l'entendement commun) « Penser par soi-même ! », décision « de ne jamais faire un usage passif de sa raison. Le penchant à cette passivité, par suite à l'hétéronomie de la raison s'appelle le *préjugé* ; et le plus grand de tous est de se représenter la nature comme n'étant pas soumise aux règles que l'entendement, en vertu de sa propre législation essentielle, lui donne comme fondement : c'est la *superstition*. Le fait de se libérer de la superstition se nomme *Aufklärung* ; en effet, bien que cette dénomination convienne à désigner le fait de se libérer du préjugé en général, la superstition mérite plus que tout d'être appelée *préjugé* (*in sensu eminenti* = au sens le plus haut), puisque l'aveuglement où elle met et dont elle va même jusqu'à faire une obligation, fait voir plus que tout le besoin qu'on a d'être conduit par d'autres et montre ainsi dans quel état est une raison passive ».

On travaillera la note de Kant (*AK*, V, 294 § 40) et les deux autres maximes, la deuxième : « Penser en se mettant à la place de n'importe qui d'autre », est la maxime de la pensée ouverte (ouvert s'oppose à bornée), celle d'un homme qui pense universellement, c'est-à-dire comme tout autre pourrait penser ; et la troisième : « Penser en accord avec soi même », est la maxime de la pensée conséquente, celle à laquelle il est le plus difficile d'obéir[1].

1. On peut trouver ce texte dans la *Critique de la faculté de juger*, § 40, Vrin, 1974.

« *SAPERE AUDE !* »

Ainsi la maxime de l'*Aufklärung* : « *Sapere aude !* » (Aie le courage de savoir ! Prends le parti de l'intelligence !), empruntée au poète latin Horace[1], avait été choisie en 1736 par les *Amis de la Vérité* (« Alethophilen ») qui avaient fondé une société pour diffuser la philosophie leibnizienne et wolffienne. On y avait fait frapper une médaille avec un buste d'Athéna, déesse grecque de l'intelligence, et sur son casque étaient gravés les portraits de Leibniz et de Wolff, et la devise : « *Sapere aude*[2] *!* » Cette maxime est commune à la métaphysique dogmatique wolffienne, objet de la critique kantienne, et à Kant lui-même parce qu'elle est l'expression d'une volonté de raison qui caractérise toute philosophie comme telle. Le dogmatisme métaphysique est l'illusion d'une raison qui présume de ses propres forces, illusion rationaliste qui est philosophique, tandis que l'extravagance *(Schwärmerei)* et le mysticisme sont une renonciation à la raison qui met en cause la liberté : en effet, si nous n'écoutons pas notre raison, que croirons-nous ? Et, sous prétexte d'intuition ou de génie, ne risquons-nous pas de nous assujettir à la loi d'un autre, quand obéir à la raison est obéir à la loi qu'on s'est prescrite[3] ?

LIBERTÉ INTERNE

L'impératif des Lumières résume notre tâche d'homme. Ainsi, nous avons avec Kant une conception morale des Lumières qui signifie que chacun a la lucidité ou la superstition qu'il mérite. Il dépend de nous de nous laisser emporter par nos préjugés ou de juger, et, si nous oublions de prendre en main notre propre pensée, si nous demeurons mineurs, c'est bien par lâcheté. Chacun est responsable de ses illusions. Il importe de comprendre ici que le propos kantien repose sur une certaine idée de la liberté intérieure qui est peut-être toute la philosophie. On peut entendre par *liberté de penser* soit la *liberté externe*, c'est-à-dire le droit accordé aux hommes d'avoir les pensées qu'ils jugent eux-mêmes les meilleures et de les exprimer publiquement, soit la *liberté intérieure* qui fait l'*homme libre* : l'*esprit libre* juge en fonction de la vérité et ses jugements ne sont

---

1. Horace, *Épîtres*, I, 2, 40. \ **2.** *Was ist Aufklärung ?* Kant, Erhard, Hamann, Herder, Lessing, Mendelssohn, Riem, Schiller, Wieland, Éditions Reclam. \ **3.** *Qu'est-ce que s'orienter dans la pensée ?*, AK, VIII, 145.

pas emportés par ses passions, ses intérêts, ses habitudes. Un homme vraiment libre est chose rare, et tel est l'homme éclairé et sans préjugés dont nous avons traité. La liberté externe ne dépend pas de moi mais de la chance que j'ai ou non de vivre dans un État qui l'accorde. La liberté interne, « celle qui est liberté à l'égard des chaînes que sont les conceptions et les modes de penser habituels et renforcés par l'opinion générale », cette liberté-là « n'est pas du tout commune, au point que même ceux qui font profession de philosophie n'ont que rarement su y parvenir[1] ». Ainsi, un homme peut vivre dans un État où la liberté de pensée est garantie par la loi, où aucune censure ne lui interdit de publier ce qu'il veut, et, pourtant, n'être pas le moins du monde libre mais préjuger dans toutes ses pensées, demeurer esclave de l'opinion générale, au lieu de juger par lui-même. Tel est le lot commun des hommes dans les pays libres. Cet esclavage de pensée qui vient de ce qu'on ne se fait pas soi-même libre juge de toutes ses pensées, de ce qu'on ne consulte pas sa propre raison ou son propre entendement, alors qu'on est en âge de le faire – car l'enfant doit apprendre à user de son entendement et attendre que ses autres facultés se soient développées avant de pouvoir être son propre maître –, cette servitude volontaire est pour l'homme un état de *minorité*[2] *où il se trouve par sa propre faute.*

MINORITÉ ET MAJORITÉ

La minorité au sens strict est un état de protection juridique : celui qui n'est pas capable de prendre par lui-même les décisions qui conviennent à la conduite de sa vie ou à l'organisation de ses biens est pris en charge par un autre – son tuteur. C'est le cas des enfants, mais aussi de certains malades. Kant ne parle pas ici de la minorité ou de la majorité juridique. Est, en effet, majeur ou adulte au sens général du terme l'homme capable de décider lui-même de ce qu'il a à faire et à être. Ainsi l'homme n'est pas, comme les autres êtres vivants, gouverné par les seuls instincts naturels. Il a à se gouverner lui-même, et en cela consiste sa liberté ; entendue négativement, elle signifie qu'il n'est pas soumis au joug de la nature ou d'un autre, positivement, qu'il fait son propre destin : il est sa propre œuvre.

---

1. *AK*, VIII, 58, fin du premier *Compte rendu de l'ouvrage de Heider…* ; *Cf.* Kant, *Opuscules sur l'histoire*, GF-Flammation, p. 110. \ **2.** *Cf.* Glossaire : Minorité, p. 93.

Un être soumis à la loi d'un autre – que cet autre soit un homme, un Dieu ou la nature – est dans un état d'hétéronomie ; un être libre, qui se gouverne lui-même et, en ce sens, ne reconnaît que sa propre loi, est autonome. L'animalité est hétéronomie. Il ne suffit pas à l'homme d'atteindre un certain âge pour devenir majeur, il lui faut encore le vouloir et prendre la décision de se gouverner lui-même en fonction de ce que lui-même juge être le meilleur, et non de rester soumis à d'autres hommes ou à leur jugement. Dire que l'homme est libre, c'est comprendre qu'il ne lui suffit pas de respirer et de croître comme un animal ou une plante pour être lui-même, et donc que sa liberté n'est pas un fait mais une conquête qui ne dépend que de lui.

L'EXEMPLE DE LA MÉDECINE

L'expérience montre que la plupart des hommes demeurent mineurs à l'âge où l'on pourrait penser qu'ils ont pris leur vie en main. L'exemple de la médecine, que notre opuscule traite en deux mots, est généralement incompris : suivons une page de 1798 où Kant le développe[1]. L'homme mineur préfère payer un médecin pour décider à sa place de son régime, plutôt que d'en décider lui-même en prenant la peine de consulter sa raison. Le « peuple » (entendons ici le plus grand nombre, composé d'ignorants et de mineurs) tient plus à sa santé qu'à sa liberté : il attend de la médecine le moyen de vivre le plus longtemps possible. Or que demande la raison à un homme libre sur « ce dont il peut et doit se mêler lui-même » en la matière ? Qu'il « se comporte avec mesure dans la jouissance et avec patience dans la maladie, et compte surtout sur l'aide que la nature lui apporte d'elle-même ; et il n'a certes pas besoin pour tout cela d'un très grand savoir ; même, à cette fin, on n'en a le plus souvent pas besoin, pourvu qu'on veuille maîtriser ses penchants et confier le gouvernement [de soi-même] à sa raison ; mais, parce qu'il faut se donner soi-même de la peine, le peuple n'y attache aucune importance ». Voilà pour le « peuple » un vain bavardage de philosophes ! Au lieu de se contenter de vivre honnêtement comme le veut la raison, il réclame à la science du théologien le moyen de gagner le ciel tout en vivant en scélérat ; au lieu de ne pas commettre d'injustice comme le

1. *Le Conflit des facultés*, 1, 2, *AK*, VII, 30 *sqq.*

veut la raison, il attend du juriste le moyen de gagner ses procès même s'il est dans son tort ; de même il demande au médecin : « comment, si j'ai usé et abusé des forces de mon corps de tout mon saoul puis-je tout de même rester en bonne santé et vivre longtemps ? » Ainsi les savants des facultés de théologie, de droit et de médecine doivent penser à sa place et lui tenir lieu de tuteurs. « Tout se passe comme si le peuple allait chez les savants comme chez le devin ou le magicien qui est au fait des choses surnaturelles ; car l'ignorant se fait facilement du savant dont il attend quelque chose une idée beaucoup trop haute. Aussi peut-on naturellement prévoir que si quelqu'un avait assez d'impudence pour se faire passer pour un semblable faiseur de miracles, le peuple lui serait acquis et se détournerait avec mépris de la faculté de philosophie. » *Faculté de philosophie* signifiait alors *faculté des sciences*. Or notre faculté de médecine est en un sens une faculté des sciences, la médecine expérimentale contemporaine guérit de graves maladies, elle nous remet d'accidents graves ; on lui doit l'allongement de la vie : nous pouvons compter sur plus que sur l'aide de la nature à laquelle renvoyait Kant. Mais d'où vient ce qu'on appelle le pouvoir médical sinon de la superstition dont parlait Kant ? Médecins et scientifiques ne remplacent-ils pas dans l'imagination des ignorants ou des mal instruits les savants d'alors ? Les hommes s'en remettent à l'autorité des médecins comme à un nouveau clergé ; loin de se diriger eux-mêmes dans ce qui dépend de leur raison et de leur volonté, ils laissent d'autres décider : et plus la médecine est efficace, plus ils se croient dispensés de régler leur vie et attendent qu'on les soigne. Ainsi, l'habit (la blouse blanche) et le jargon des médecins (ils parlent aujourd'hui généralement grec), qui correspondent à des nécessités techniques indéniables, continuent parfois d'avoir la même fonction que le latin et le costume des médecins de Molière[1] : il suffit pour cela de la complicité de malades et de certains praticiens, ceux-ci, trop heureux d'être adulés, cultivant la « minorité » de ceux-là. (Pour la même raison, le progrès des sciences et des techniques n'a pas fait baisser le chiffre d'affaires des astrologues et des charlatans, et les fausses sciences trouvent parfois crédit auprès de certains savants.) La liberté de l'homme signifie que même son développement

1. C'est si vrai que les élèves des lycées sont surpris, choqués, mêmes indignés, si on leur dit que les pièces de Molière ne sont pas un témoignage sur une médecine disparue.

et son entretien physique dépendent de sa volonté : à lui de prendre soin de son corps, de son alimentation, de son entraînement, etc., bref, de ce que notre opuscule appelle son régime.

SE FAIRE

Répétons-le, tout le propos kantien repose sur l'idée que l'homme est libre, c'est-à-dire qu'il est ce qu'il se fait lui-même : dans tout ce qui fait de lui un homme, l'homme n'a à compter que sur lui-même et non sur sa simple croissance animale ou naturelle. Alors qu'un animal s'accomplit nécessairement selon le type défini par son espèce (tout chien devient pleinement chien), au contraire, il dépend de l'homme d'être homme. C'est pourquoi il a besoin d'une éducation, contrairement aux autres êtres de la nature. La même raison fait qu'il peut ne pas devenir homme ou qu'il lui arrive de sombrer dans ce qui est pire que l'animalité, la bestialité. Ainsi, la liberté de l'homme est sa grandeur, sa noblesse, et c'est pour cela qu'il a à se prendre en main au lieu de se laisser aller ou de se laisser conduire par un guide extérieur : parce qu'il est libre, l'homme a des devoirs et, d'abord, celui d'être homme ou de se faire homme. Alain commentait : « Noblesse oblige ! » La majorité est dure à obtenir. L'état de minorité où demeurent trop d'hommes vient bien de leur lâcheté, de ce qu'ils n'ont pas osé faire leur devoir d'homme. Quelle que soit la liberté externe qui leur est accordée, sans le courage de conquérir et de garder leur liberté interne, ils demeurent esclaves.

LA PROPAGATION DES LUMIÈRES

LIBERTÉ INTERNE ET LIBERTÉ EXTERNE

Toutefois, il ne faudrait pas en conclure que la liberté d'opinion et d'expression ne sert à rien. Kant le remarquait déjà : « On dit, je le sais, qu'un pouvoir supérieur peut nous enlever la liberté de parler ou d'écrire, mais pas du tout la liberté de penser. Mais penserions-nous donc beaucoup, et quelle serait la justesse de nos pensées, si nous ne pensions pas pour ainsi dire en communauté avec d'autres, qui nous font part de leurs pensées et auxquels nous communiquons les nôtres ? On peut donc bien dire que le pouvoir extérieur qui enlève aux hommes la liberté de communiquer publiquement leurs pensées leur ôte aussi la liberté de penser : l'unique trésor qui nous reste au milieu de tous les fardeaux de la vie civile, et qui seul fait qu'il nous est possible de trouver un remède à tous les maux liés à cet état[1]. »

Il y a ici deux idées à bien retenir.

La *première*, que toute atteinte à la liberté d'expression, c'est-à-dire à la liberté externe, est une atteinte à la liberté interne. La communication des pensées est essentielle à leur formation intérieure. C'est pourquoi il faut éviter l'*égoïsme logique* – manière de s'enfermer en soi-même, en matière de connaissance (tel est ici le sens du mot logique), sans consulter le jugement des autres. Ainsi, « l'*égoïste logique* considère comme inutile de mettre son jugement à l'épreuve de l'entendement d'autrui, comme s'il n'avait nul besoin de cette pierre de touche[2] (critère externe de la vérité). Il est pourtant si certain que nous ne pouvons pas nous passer de ce moyen de nous assurer de la vérité de notre jugement que c'est peut-être la principale raison pour laquelle le monde savant réclame à grands cris et si instamment la *liberté d'écrire* ; car, si elle ne nous est pas accordée, nous sommes du même coup privés d'un moyen considérable de mettre à l'épreuve la justesse de nos propres jugements et nous sommes livrés à l'erreur[3] ». Et, poursuit Kant, cela est vrai en mathématiques ou même dans notre perception ordinaire. Ainsi, entendant un son, il arrive que nous demandions à un autre de nous confirmer que nous ne rêvons pas. Le philosophe ne pouvant comme les juristes se fonder sur une jurisprudence, c'est-à-dire sur les jugements qui ont été prononcés par d'autres, il doit parler comme s'il était le premier à philosopher ; mais, si ses écrits ne trouvent aucune sorte d'approbation, il est soupçonné d'erreur dans les opinions qu'il a exprimées publiquement, quelle que soit par ailleurs leur valeur. Ainsi, le goût du paradoxe est un entêtement, une opiniâtreté, qui nous fait parler contre les autres et nous enferme dans notre propre jugement, comme si nous n'avions pas besoin de nous mettre à l'épreuve du jugement des autres. Toutefois, remarque Kant, le paradoxal vaut mieux que le banal,

1. *Qu'est-ce que s'orienter dans la pensée ? AK*, VIII, 144. \ **2.** *Cf.* note 1, p. 43. \ **3.** *Anthropologie au point de vue pragmatique*, § 2 ; *AK*, VII, 128-129.

et le goût du paradoxe ne peut être reproché à quelqu'un. Car, en matière de vérité, c'est à chacun de juger, et le pire est d'y renoncer pour suivre l'avis général. Consulter le jugement d'autrui, ce n'est pas s'y ranger d'avance : il se peut qu'un homme ait raison contre tous les autres. Galilée était seul. Le nombre de voix ne fait pas la vérité. Que nous ayons donc besoin de communiquer nos pensées pour les mettre à l'épreuve du jugement des autres et que nous ayons nous-mêmes à mettre à l'épreuve les communications des autres, cela signifie que la liberté d'expression est essentielle à la recherche de la vérité. Mais ce n'est pas renoncer à juger pour s'en remettre au jugement des autres, quel que soit leur nombre, et laisser la communauté scientifique imposer une pensée officielle qu'il suffirait de croire. En matière de science et de pensée, il n'y a pas d'autorité extérieure. Dans le dialogue des esprits, chacun garde sa liberté entière, et nulle pensée commune ou collective ne vient remplacer le jugement personnel : chacun demeure l'intime gardien de l'universel. Il n'en demeure pas moins que, si la liberté de penser et de publier n'est pas garantie et que tout dialogue ou toute communication deviennent impossibles, la possibilité même de la recherche de la vérité est mise en cause.

La *seconde idée* trouve ici une expression désabusée. D'une part, Kant met en cause l'oppression qui règne en Prusse. D'autre part, il résume tout l'opuscule sur les Lumières : seule la liberté d'opinion peut nous permettre de trouver les remèdes à tous les maux que nous subissons dans l'état civil, car c'est le seul moyen qui permette aux hommes de faire un libre usage de leur raison et ainsi de chercher publiquement quelles sont les meilleures dispositions à proposer au gouvernement. C'est là le point essentiel de tout l'opuscule, que nous ne comprendrons vraiment que plus tard.

LA PROPAGATION DES LUMIÈRES

Voyons d'abord pourquoi le seul fait de rendre *publics* – essentiellement par l'*écriture* – les jugements des hommes savants ou seulement instruits et d'instaurer entre eux un dialogue public (sur la législation ou la religion, etc.) doit contribuer au progrès des Lumières et à l'amélioration du gouvernement. L'opuscule de 1784 se contente finalement de dire qu'il suffit que la liberté de penser et d'exprimer ses pensées soit accordée pour que les Lumières se propagent : il est inévitable qu'un public accède aux Lumières si on lui laisse cette liberté. Les *Aufklärer* n'ont qu'à publier leurs jugements, et, peu à peu, par la lecture de leurs œuvres, les hommes deviendront éclairés.

Kant ne compte pas sur la mise en place par l'État d'une école qui instruise réellement les hommes. Il sait que les princes ne sont préoccupés que par la guerre [1] ou, du moins, par l'accroissement de la puissance de leur État ; ils « ne considèrent leurs sujets que comme les instruments de leur dessein [2] » et, par conséquent, n'admettent de dépenser de l'argent pour l'école que dans la mesure où cela leur est utile, mais non pour former des citoyens libres capables de faire la critique de leur politique. Si sa fonction est d'abord d'apprendre aux esprits ce que c'est que s'éclairer, de leur apprendre à ne pas croire et à juger, l'école est par nature une pépinière d'opposants, et l'on comprend qu'il y ait peu de véritables écoles dans le monde. De leur côté, les parents ne sont guère obnubilés par la liberté, l'intelligence ou l'humanité de leurs enfants ; ils ne songent qu'à leur carrière future, à leur réussite sociale, comme on dit. On les entend aujourd'hui leur dire qu'il faut faire des études pour avoir un métier et pour s'adapter au monde actuel, mais presque jamais il n'est question de l'intérêt qu'apprendre pourrait avoir en soi. On va à la faculté pour obtenir des diplômes donnant droit à un travail et à un salaire, on n'y va pas en quête de véritables Lumières. C'est parce qu'il sait qu'il ne faut pas trop espérer en l'institution scolaire que Kant donne tant d'importance à la liberté d'opinion et d'expression. Elle permet aux savants et aux hommes instruits de communiquer leurs pensées et de constituer ainsi un public capable de juger, de telle sorte que ce public devienne peu à peu plus nombreux et plus éclairé.

N'est-ce pas trop espérer encore ? Laissons ici de côté le problème posé par l'univers médiatique contemporain, qui peut paraître plus propre à communiquer les préjugés que les Lumières. Et il faut aujourd'hui beaucoup de temps et de science pour trouver dans la multitude des paru-

---

1. La Proposition VIII de l'*Idée d'une histoire universelle au point de vue cosmopolitique*… remarque que l'État dépense toutes ses ressources à la guerre et, pire encore, à la préparation incessante de la guerre. C'est pourquoi il ne dispose « pas d'assez d'argent pour organiser l'instruction publique »… Sur l'école, *Cf. Le Conflit des facultés*, II, 10. \ **2.** *Leçons sur l'éducation*, *AK*, IX, 448. La suite de notre exposé reprend cette page de Kant.

tions les livres importants pour le sort des hommes. Il faudrait poser la question de savoir si notre monde est ou non propice à la liberté de pensée : un homme peut-il encore s'orienter dans la masse informe de sons, d'images et de papiers qui le submergent[1] ? Mais contentons-nous de comprendre pourquoi Kant considère que la seule publication des œuvres de la raison propage nécessairement les Lumières : c'est que *la publication du vrai le propage*, par un processus qui n'a rien ni d'une propagande ni d'une contagion. L'homme est par nature capable de comprendre et aussi bien d'éprouver dans son cœur un élan vers le bien, pourvu qu'on le mette devant la vérité et le bien. Les hommes qui paraissent incapables de comprendre la vérité ou d'éprouver un sentiment de justice sont aussi des hommes et ils ont une conscience ; mais la vie qu'ils ont menée depuis leur enfance (à cause de leur lâcheté, si bien cultivée par leurs tuteurs) les a fait regarder du mauvais côté[2]. Kant insiste beaucoup sur ceci que la considération du vrai bien éveille naturellement dans le cœur de l'homme un intérêt qui le pousse à agir dans le sens de ce qu'il éprouve, et qu'ainsi les Lumières « doivent peu à peu monter jusqu'aux trônes et même influer sur les principes du gouvernement[3] ». La nature de l'esprit humain est telle que, « par le progrès des Lumières, commence à s'établir un mode de pensée qui peut, avec le temps, transformer notre grossière disposition naturelle au discernement moral en principes pratiques déterminés[4] »...

Il s'agit donc d'une réforme intérieure, d'une sorte de conversion morale. Or, on sait bien qu'un savant n'est pas pour autant un homme de bien et que l'adresse intellectuelle ne fait parfois qu'accroître l'immoralité. Kant ne l'ignorait pas, et il avait été particulièrement sensible à l'expression que Rousseau propose de cette vérité. Pourtant, s'il est vrai que l'homme est par nature capable d'éprouver, pour le bien que sa raison lui présente, un sentiment de respect, de telle sorte qu'il se mobilise au service de ce bien, alors, Kant est fondé à le penser, l'habitude que la pratique des sciences donne de consulter sa raison au lieu de préjuger, finira par

---

1. C'est la raison pour laquelle on en vient aujourd'hui à confondre information et savoir, c'est-à-dire stockage et compréhension. \ **2.** Il faut reprendre sur ce point la célèbre image de la caverne, dans le Livre VII de *La République* de Platon. \ **3.** *Idée d'une histoire universelle...*, Prop. VIII : un certain intérêt du cœur *(Herzensanteil)*, qui ne peut manquer de porter l'homme éclairé au bien qu'il conçoit parfaitement. \ **4.** *Ibid.*, Prop. IV.

éveiller en l'homme sa disposition morale. « [...] Mais il y a dans les dispositions naturelles de chaque homme le fondement de l'intelligence du vrai et du bien, aussi bien que de l'intérêt qui porte le cœur *(Herzensanteil)* vers eux ; le vrai et le bien ne manquent donc pas, une fois devenus publics, de se communiquer *(mitzuteilen)* partout, grâce à l'affinité naturelle qu'ils ont avec la disposition morale d'êtres raisonnables. Les obstacles, dont la cause est politique et civile, peuvent de temps en temps s'opposer à leur extension, mais ils servent plutôt à rendre encore plus intérieure l'union des esprits en vue du bien (que leur pensée n'oublie plus jamais une fois qu'elle l'a saisi du regard[1]). »

Ainsi la vérité se propage du seul fait qu'elle paraît ; les hommes auxquels elle est montrée la comprennent, parce qu'ils sont esprits. C'est parce qu'elle répond à leur attente d'hommes, d'êtres raisonnables, qu'elle leur parle, et il suffit donc d'ôter les obstacles qui empêchent de comprendre[2]. Il n'y a, en un sens, rien à faire, il faut seulement laisser faire, et c'est ce que signifie la liberté d'expression. Inversement, « l'interdiction de la publicité » (interdire que chacun publie ses pensées, comme le veulent ceux qui entendent en un sens péjoratif le terme d'*Aufklärer*, propagateur des Lumières), cette interdiction « empêche un peuple de progresser vers le bien, même en ce qui concerne la moindre de ses exigences, à savoir son droit naturel ».

« Éclairer un peuple, c'est lui enseigner publiquement ses devoirs et ses droits à l'égard de l'État auquel il appartient. Parce que cela ne concerne que des droits qui sont naturels et proviennent de l'entendement commun, les annonciateurs et les interprètes naturels de ces droits dans le peuple ne sont pas des professeurs de droit officiels nommés par l'État, mais des professeurs de droit libres, c'est-à-dire les philosophes, lesquels, précisément à cause de cette liberté qu'ils se donnent, sont choquants pour l'État qui ne veut jamais que dominer ; et ils sont décriés sous le nom de *propagateurs des Lumières (Aufklärer)* comme des gens dangereux pour l'État ; pourtant, ils ne s'adressent pas confidentiellement au peuple (qui ne prend guère garde ou même ne prend pas du tout garde à cette question et à leurs écrits), mais s'adressent respectueusement à l'État, l'implorant de réfléchir à ce besoin légitime du

1. *La Religion dans les limites de la simple raison*, *AK*, VI, 122-123. \ 2. *Cf.* le texte cité p. 43.

peuple ; ce qui ne peut arriver par une autre voie que la publicité *(Publizität)*, si un peuple entier veut présenter ses doléances *(gravamen)*. Ainsi, l'*interdiction* de la publicité empêche le progrès d'un peuple vers le bien, même en ce qui concerne la moindre de ses exigences, à savoir simplement son droit naturel. [1] »

« PUBLICITÉ » ET PROPAGANDE

Nous n'avons pas ici un phénomène de contagion ou de propagation physique, comparable à la propagation de la chaleur ; il ne s'agit pas davantage d'une propagande ou d'une publicité, au sens qu'on donne aujourd'hui à ce mot, c'est-à-dire d'une technique fondée sur le préjugé, excluant par principe le libre jugement. La publicité qui vante un produit veut séduire et, pour cela, s'appuie sur les croyances en cours ; elle repose tout entière sur les habitudes de penser des hommes et elle-même n'a de prise sur les esprits que par la répétition. Finalement, il s'agit de monter des mécanismes qui feront que les clients se précipiteront à leur insu sur les produits pour lesquels on les a conditionnés. Certaines sciences humaines codifient de manière systématique ces techniques qui permettent d'agir sur les hommes. La propagande politique utilise les mêmes mécanismes. La diffusion des Lumières, au contraire, comme celle de la lumière, ne donne à l'homme ni la vue ni la vérité mais le met seulement en mesure de voir par lui-même la vérité. Elle n'agit pas sur lui. Elle ne tire pas parti de sa passivité.

ÉCRITURE ET RAISON

On comprend déjà une des raisons pour lesquelles il est important que l'accent soit mis ici sur l'écriture. Non que Kant exclue la liberté de parole ! Mais l'écriture a moins de chance d'être pervertie par la rhétorique que la parole. Je parle à un homme qui est devant moi et dont je vois les réactions ; je devine ses pensées, ses préjugés, son attente à lui, homme

1. *Le Conflit des facultés*, II, 8 ; *AK*, VII, 89. *Cf.* à ce propos Joël Wilfert, « Kant, l'*Aufklärung* et l'ironie de la raison », in *L'Enseignement philosophique*, septembre-octobre 1987, article complet sur les Lumières et la liberté d'écrire chez Kant. Nous lui devons beaucoup.

de tel âge, de tel milieu, et je peux, pour le persuader de ce que je lui dis, m'appuyer sur tout ce qu'il est. Écrire, au contraire, c'est écrire à l'homme en tant qu'homme, à tout homme. Je ne connais pas mon lecteur, j'ignore s'il a tel ou tel préjugé, s'il vient de tel ou tel monde, je ne le vois pas réagir au fur et à mesure qu'il me lit, et je suis donc contraint par la nature même de l'écriture de m'adresser à lui indépendamment de toutes ses particularités, sans pouvoir le prendre par ce biais. Je n'ai d'autre solution que de m'adresser à sa raison. Ou, du moins car il y a une rhétorique de l'écriture aussi, je suis ici moins prisonnier des pièges de la rhétorique et lui-même ne sera plus libre de juger mon propos. Il pourra le lire à son allure, le relire, s'assurer de sa cohérence en revenant en arrière, le comparer à d'autres, ce qu'on ne peut faire d'un discours qu'on entend. Et, remarquons-le, quoique Kant n'en dise rien, un texte écrit peut être lu deux mille ans après qu'il a été rédigé. Ainsi se constitue, affranchie des particularismes, une communauté de lecteurs universelle et spirituelle. Nos mœurs, nos coutumes, nos croyances, nos religions même ne sont plus celles des Anciens, que nous pouvons lire d'une manière absolument humaine, quand la familiarité qui nous lie à nos contemporains repose peut-être sur les préjugés d'une génération qui n'intéresseront bientôt plus personne.

L'ARGUMENTATION DE L'OPUSCULE

LE PROBLÈME : LE CERCLE

Une fois la nature de la liberté de penser comprise, il semble impossible que l'humanité doive un jour sortir de la minorité où elle se trouve. Car les hommes endormis sont la proie facile des ambitieux, lesquels, sans pour autant s'éveiller eux-mêmes à la pensée, entretiennent le sommeil de l'humanité. Ainsi, de la minorité où les hommes demeurent par leur propre faute, résultent le despotisme et le cléricalisme, lesquels interdisent à leur tour aux hommes de sortir de leur état de minorité morale et intellectuelle ; il faut donc, pour comprendre comment les hommes pourront sortir de la minorité, se demander comment, une fois presque tous – et presque partout – sous le joug des tuteurs que sont les prêtres et les politiques, ils peuvent s'affranchir d'une telle sujétion et décider eux-mêmes de leur propre destin. La réponse kantienne, politique et religieuse, prend en considération l'histoire de l'humanité entière en tant qu'elle est un progrès vers le bien. Elle est une philosophie de la réforme politique et une philosophie de l'histoire comme progrès.

Il y a ici un cercle vicieux qui fait de l'histoire humaine une tragédie. L'accomplissement de l'homme est la pensée libre de préjugé, et ce mode de pensée, seul fondement possible d'une constitution et d'une vie politiques réellement libres, suppose que le despotisme n'étouffe pas toute tentative de libération. Il faut la liberté pour qu'il y ait république, il faut qu'il y ait république pour que la liberté paraisse ou soit cultivée. Il faut des citoyens libres, c'est-à-dire responsables, adultes, pour qu'il y ait une république, et il faut une république pour qu'il y ait des citoyens, c'est-à-dire pour que les hommes reçoivent l'instruction qui fait d'eux des hommes libres.

L'HISTOIRE. FRÉDÉRIC II

La « solution » – boiteuse – est l'histoire : le progrès des pratiques gouvernementales et des institutions vers la vraie liberté est extorqué d'abord par les intérêts les plus bas, sans qu'il faille supposer de la part des hommes et des princes en particulier une bonne intention. Ainsi, l'ambition de Frédéric II, nous l'avons vu, suffit à expliquer qu'il ait promu les Lumières dans ses États. C'est la passion qui pousse les hommes à cultiver la raison. Les nécessités de sa politique extérieure, liées à son ambition de faire de la Prusse une grande puissance, ont forcé le roi à faire de la liberté de pensée un moyen de son ambition. Il y a bien à la fois despotisme et commencement de l'*Aufklärung*, comme le dit, en 1784, l'*Idée d'une histoire universelle au point de vue cosmopolitique* : il n'y a donc pas, chez Kant, la moindre trace de paternalisme ou d'admiration pour le despotisme éclaire. Il ne dit pas que son siècle est le siècle des Lumières, mais le siècle où commence l'accession aux Lumières, et ce commencement, attribué en partie à Frédéric II, n'est pas le despotisme éclairé, mais la politique de limitation, par un roi éclairé, de son propre despotisme : Frédéric II n'est pas loué pour avoir été un despote, même éclairé, mais parce que, éclairé en effet, il a su de lui-même limiter son despotisme et permettre la libre critique de la législation et de l'Église. Ainsi, le progrès des Lumières dont parle notre opuscule consiste à limiter toujours plus le despotisme du gouvernement, jusqu'à ce que le gouvernement devienne républicain – même si la constitution ne change pas. Que Frédéric II ait contribué ou non à une telle libération, peu importe en un sens pour notre propos, puisqu'il demeure vrai que telle est la seule issue possible pour la liberté.

ARGUMENTATION ET POLÉMIQUE

Comme toujours, Kant répond à ceux de ses lecteurs qui pourraient lui faire les objections les plus fortes. Il se place du point de vue de son adversaire et le prend au sérieux, c'est-à-dire lui donne toutes ses chances. La règle à la fois d'honnêteté et de logique qui commande l'argumentation philosophique est de s'appuyer non pas sur la faiblesse de son adversaire, mais sur sa force. On oublie généralement cette règle dés qu'on polémique au lieu de penser, c'est-à-dire dès qu'on pense contre quelqu'un au lieu de penser la chose même et de proposer des analyses. Ici, nous avons un texte critique et non polémique, dont la force d'attaque contre les divers despotismes se mesure à la force de son argumentation et non à la violence avec laquelle il s'oppose à son contraire ou à l'adresse avec laquelle il proposerait des paradoxes propres seulement à éloigner du vrai le lecteur de bonne foi. Le paradoxe final[1] est proposé comme tel, et comme dû à la nature des choses. Kant écrit seulement pour la raison de son lecteur. Il veut qu'un lecteur impartial puisse le lire.

ARGUMENTATION GÉNÉRALE

Il admet donc, avec les tuteurs qui veulent pérenniser leur despotisme, que les hommes tels qu'ils sont ne sont pas en état de se prendre en main et ainsi de vivre en république ou dans une véritable Église morale et non cléricale. Mais il ajoute que les « mineurs » sont dans un tel état, d'une part, par lâcheté et, d'autre part, parce que les tuteurs les y ont maintenus : de telle sorte que l'argument selon lequel la nature humaine

1. *Cf.* § 10, p. 14.

rend le despotisme nécessaire tombe. L'expérience qui nous montre en effet que les hommes sont incapables de se gouverner eux-mêmes et ont besoin d'être soumis au joug d'un despote ne nous montre pas la nature humaine mais ce qu'elle devient sous le despotisme. Il y a donc une issue possible, qui consiste à mettre fin au despotisme pour laisser les hommes libres d'apprendre à exercer leur liberté.

APPRENDRE À MARCHER

Toute l'argumentation de cet opuscule repose finalement sur une comparaison avec l'apprentissage de la marche. On affublait au XVIIIe siècle les petits enfants de chariots, sortes d'appareils à roulettes qui les maintenaient debout : on voulait ainsi leur apprendre à marcher en leur évitant le risque de tomber et de se blesser dangereusement. À la suite de Rousseau, au second livre de son *Émile*, Kant réprouve un procédé de ce genre, qui ne peut que retarder inutilement et même dangereusement le moment où l'enfant saura marcher. Il n'y a pas d'autre façon d'apprendre à marcher, en effet, que de s'y essayer et de tomber lors des premiers essais, jusqu'à ce qu'on parvienne à se tenir soi-même debout. Loin d'y aider, le chariot dispense l'enfant de se tenir, et l'enfant s'écroule quand on lui ôte cet instrument mécanique. De la même manière, il n'y a pas d'autre façon d'apprendre à penser que de se lancer dans la pensée. Il faut se jeter à l'eau, comme on dit. Que les premières tentatives soient l'occasion d'erreurs, c'est, comme pour la marche, un risque à prendre, ou bien jamais on ne pensera par soi-même. La différence avec la marche réside ici en ce que les « instruments mécaniques » que sont rites, « préceptes et formules », et tout ce par quoi despotisme et cléricalisme tiennent la pensée en bride, peuvent empêcher définitivement un homme de penser, alors qu'il est rare qu'un enfant ne finisse pas par marcher, même lorsque ses précepteurs sont particulièrement incapables. Ce qui justifie ici la comparaison entre l'apprentissage de la marche et celui de la pensée, c'est que le premier aussi suppose la volonté. Se tenir debout, c'est se tenir et non être tenu. Il n'y a pas de pensée sans une certaine tenue, et cette tenue suppose la liberté. Dans un régime despotique et clérical, la pensée est tenue, comme on dit ; ne se tenant pas elle-même, elle ne peut qu'être « avachie ». Il suffira d'une inattention des tuteurs pour que tout s'écroule. On le voit, Kant ne fait que développer une comparaison contenue dans notre façon ordinaire de parler. La conclusion de la comparaison – c'est-à-dire la pensée que peut former tout homme qui va avec conséquence jusqu'au bout de ce que les mots les plus communs veulent dire – est qu'il n'y a qu'une façon d'apprendre à l'homme à penser : le laisser tenter lui-même la grande aventure, sans le tenir en laisse, sans lui imposer de croire, sous prétexte que son propre jugement lui occasionnera d'abord des erreurs.

MÛRIR EN LIBERTÉ POUR LA LIBERTÉ

« Je ne peux pas très bien me faire, je l'avoue, à cette expression dont usent des hommes fort avisés : tel peuple (supposé en train de mettre en œuvre une législation qui assure sa liberté) n'est pas mûr pour la liberté : les serfs d'un propriétaire terrien ne sont pas encore mûrs pour la liberté ; et, de la même façon, les hommes en général ne sont pas encore mûrs pour la liberté de croire. Dans une telle hypothèse, il n'y aura jamais de liberté ; car on ne peut *mûrir* pour la liberté si l'on n'a pas été préalablement mis en liberté (il faut être libre pour pouvoir, dans la liberté, se servir de ses facultés d'une manière appropriée). Les premiers essais seront sans doute grossiers, et généralement liés à un état plus pénible et plus dangereux que lorsqu'on était encore sous les ordres d'un maître en même temps prévoyant ; mais on ne mûrit pour la raison jamais autrement que par *ses propres* tentatives (il faut qu'on soit libre de pouvoir les faire). Je n'ai rien contre ceci que les détenteurs du pouvoir, sous la contrainte des circonstances, renvoient encore loin, très loin, le moment de délivrer les hommes de ces trois chaînes. Mais ériger en principe que la liberté en général n'est pas bonne pour ceux qui se trouvent leur être soumis, et qu'on est justifié à les en éloigner pour toujours, c'est là une atteinte aux droits régaliens de la divinité elle-même, qui a créé l'homme pour la liberté. Il est certes plus commode de gouverner dans l'État, dans la famille et dans l'Église, quand on peut faire adopter un tel principe. Mais est-ce plus juste ? [1] »

L'état d'asservissement des peuples, dont se plaignent les tuteurs, est réel, mais c'est aussi réellement leur produit, et ils le savent bien, eux

1. Note de Kant dans *La Religion dans les limites de la simple raison*, IV, 2, § 4 ; *AK*, VI, 188.

qui ont tout intérêt à maintenir les hommes dans la minorité pour mieux régner sur eux. Si donc on libère d'un coup un peuple, la chute ne peut manquer d'être lourde et dangereuse, plus grave infiniment quand il s'agit des choses politiques et religieuses que lorsqu'il est seulement question d'apprendre à marcher, et d'autant plus catastrophique que le despotisme aura été plus fort et plus durable. Pourtant, il n'y a qu'un seul remède : ôter les obstacles, pour que les hommes reprennent courage et retrouvent le désir de penser par eux-mêmes. La seule issue est l'abolition du despotisme et du cléricalisme. Pour reprendre la comparaison avec l'apprentissage de la marche, il faut ôter tous les instruments mécaniques qui dispensent les hommes de penser et les empêchent ainsi de s'y essayer.

RÉFORME ET NON RÉVOLUTION

Mais – et c'est là encore la même façon de répondre à l'adversaire en lui accordant tout ce qu'il est possible de lui accorder – il est vrai que les peuples asservis ne peuvent du jour au lendemain vivre comme des peuples majeurs (la liberté totale en matière de religion, par exemple, ce serait la superstition ; au lieu du clergé actuel, on verrait fleurir toutes les sectes possibles, avec plus de superstition encore que dans l'Église officielle, car c'est en matière de religion que la majorité est le plus loin d'être atteinte). Il y a réellement danger de chute, comme pour la marche, si l'on ôte d'un seul coup tous les obstacles, de telle sorte que toute solution révolutionnaire se trouve exclue par Kant ; il remarque ainsi qu'une révolution peut renverser le despotisme sans transformer les modes de pensée, de nouveaux préjugés ne manquant pas alors de prendre le pouvoir[1]. Les obstacles ne peuvent donc être ôtés que peu à peu, et cela par la volonté des gouvernants, d'en haut, mais non par la violence d'une révolution ou d'un mouvement venant d'en bas – où il y a le moins de chance de trouver des hommes capables d'user de leur raison, comme nous l'avons vu. La raison est réformiste et non révolutionnaire en matière de politique. Et, il est important de le savoir, le même Kant qui considérait que toute révolution est illégitime et dangereuse savait que, si les réformes ne sont pas faites à temps, les hommes, étant donné leur dis-

1. *Cf.* § 4, p. 6.

position morale, leur exigence rationnelle de justice, le sens qu'ils ont par nature, en tant qu'ils sont des hommes, de leurs droits, ne manquent jamais de faire éclater des révolutions[1].

LA LIBERTÉ DE PUBLICATION

Quelle est la mesure fondamentale qui permettra de lever ensuite tous les autres obstacles ? La liberté de publication, parce qu'elle permet aux savants et aux hommes instruits de se lire les uns les autres ! De toutes les libertés que les hommes ont à conquérir et que le gouvernement doit leur laisser prendre, la première, celle dont l'exercice et la garantie institutionnelle fondent toutes les autres, c'est la liberté de l'*usage public de la raison*. C'est à la fois le fondement de toutes les autres libertés humaines et la plus inoffensive, celle qu'on peut donner aux hommes sans risquer de renverser l'ordre établi et celle qui permettra l'obtention de toutes les autres par la voie de réformes. Que veut dire Kant ? Ce discours répond à la fois aux tuteurs despotiques (il faut montrer aux réactionnaires, qui trouveront cette requête exorbitante, que ce n'est pas trop) et aux esprits trop pressés, assoiffés qu'ils sont de justice (il faut leur montrer qu'ils vont tout gâcher par précipitation et que cette seule mesure ouvre la perspective d'un progrès toujours plus grand). Si bien que personne ne sera satisfait du propos kantien. Pour le comprendre, reprenons l'argumentation à partir de la distinction qu'elle établit entre *usage privé* et *usage public* de la raison.

On considère d'ordinaire qu'un homme est totalement libre de proférer telle ou telle opinion en *privé* (par exemple, chez lui ou avec des amis), mais que cette liberté est moindre en *public* ou lorsqu'il exerce un métier au sein d'une entreprise ou d'une institution quelconque ; du moins, on admet qu'il doit alors se montrer plus *réservé*. La vie privée est protégée de telle sorte que, dans le secret de la vie privée, la liberté trouve moins de limites qu'en plein jour, comme dans le cas d'une vie publique. C'est pourquoi le lecteur est généralement étonné de voir, dans cet opuscule, Kant parler d'une limitation légitime de l'usage privé de la raison et

1. *Nachlasse* n° 8077, *AK*, XIX, donnée pp. 246-255 ; aux Éditions Reclam, Emmanuel Kant, *Schriften zur Geschichtsphilosophie*, dont nous avons proposé une traduction dans les *Cahiers philosophiques*, n° 38, mars 1989, numéro spécial « 1789 », CNDP.

prétendre que son usage public doit au contraire être totalement libre. Pourquoi cette sorte d'inversion – apparente – du sens des mots ? Pourquoi considérer comme *privé* ce que d'ordinaire on dit *public*, et inversement ?

L'USAGE PRIVÉ DE LA RAISON

Kant appelle *usage privé de la raison* l'usage qu'un homme fait de sa raison dans sa fonction d'officier ou de fonctionnaire des finances, ou même de prêtre d'une Église. L'officier n'est pas un animal ou une machine, et c'est bien en faisant usage de sa raison qu'il exécute l'ordre qu'on lui donne. Il lui faut sa raison pour remplir sa fonction. Et plus il est capable d'user de sa raison, plus il est intelligent et compétent, mieux il remplit cette fonction. Ainsi, un *particulier* remplit une fonction publique (Kant utilise aussi ce terme en ce sens) en faisant usage de sa propre raison, et c'est cela que Kant appelle *usage privé de la raison*, *privé* désignant ici l'usage qu'un homme fait lui-même de sa raison à un poste donné. Or, on voit immédiatement que cet usage de la raison est limité : il ne saurait s'étendre au-delà de l'exécution et, par exemple, aller jusqu'à la discussion du bien-fondé de l'ordre ou de la tâche à accomplir. Notre fonctionnaire, et tout homme qui doit remplir une fonction dans un cadre institutionnel quelconque, une armée, une entreprise commerciale aussi bien (ce que, pour compliquer les choses, on appelle aussi une entreprise privée…), travaille dans un cadre défini, celui de la fonction qu'il remplit, et il n'a pas à changer ce cadre de son propre chef, comme on dit, s'il est chargé de remplir une fonction. Vouloir changer de cadre au moment d'exécuter les ordres reviendrait au même que si l'équipier d'un navire, chargé de hisser les voiles, prenait tout seul la décision de faire autre chose. Les nécessités de la coopération des hommes à une tâche commune supposent à la fois l'usage de la raison et sa limitation. Il est impossible d'imaginer que, par miracle, chacun n'agissant que selon son propre jugement, tous agiraient réellement ensemble. Et quand bien même on aurait un système de définition des tâches par délibération de tous les hommes qui participent à l'opération, il faudrait au moment de l'exécution que chacun fasse ce qui a été décidé, sans discussion. Aucune vie commune n'est possible si n'est pas respectée la règle élémentaire qui veut que chacun remplisse d'abord sa fonction, là où il se trouve. Et, s'il est vrai que l'organisation politique de l'État n'est pas du même ordre que celle d'une entreprise ou de toute institution remplissant une tâche technique, il n'empêche que les institutions politiques sont faites pour qu'un grand nombre d'hommes puissent agir ensemble, c'est-à-dire d'une seule volonté, unanimement ou, plutôt, comme on ne peut consulter chacun à chaque instant sur tout, comme s'il y avait unanimité. C'est pourquoi Kant parle d'une « unanimité artificielle », imposée donc, et non émanée par miracle de chacun des individus qui composent l'État. Il n'y a pas de corps commun, d'État, sans l'obéissance à un pouvoir politique suprême et irrésistible. Tels sont les fardeaux inévitables de l'état civil[1].

L'USAGE PUBLIC DE LA RAISON

Au contraire, tout citoyen peut, en tant qu'homme, mettre en cause la stratégie du général, y compris notre officier, cela non plus en tant qu'officier remplissant sa fonction (car, à ce compte, l'armée serait dissoute) mais en tant qu'être raisonnable, c'est-à-dire en tant qu'il est par nature capable de juger et de savoir. Il ne le fera donc pas quand le général lui donne un ordre mais dans un article de journal. Tout homme en tant qu'homme peut demander une redéfinition des tâches ou des fonctions qui sont confiées à lui-même ou à d'autres, mais il ne saurait faire la critique du fonctionnement de telle institution ou de telle entreprise en tant qu'il remplit une fonction ou une tâche, en tant qu'exécutant. S'il s'agit de l'organisation de l'État, le citoyen peut exprimer publiquement dans un journal ou une revue l'idée qu'il se fait de ce qui améliorerait cette organisation. Je peux, sans que nul ait le droit de limiter ici ma liberté, exposer publiquement mon jugement sur la loi fiscale en France, la dire injuste, pourvu que, en tant que contribuable, je paye mes impôts comme le veut la loi actuelle dont je demande le changement. Et si, en outre, je suis fonctionnaire des finances, j'ai à faire usage de ma raison dans l'application de cette loi sans faire valoir, dans le cadre de mes fonctions, mon jugement sur elle. L'usage public de la raison correspond donc simplement à ce qu'on appelle la liberté d'expression et la liberté de la

1. Jamais Kant ne se fait d'illusions sur le condition de l'homme social ; *cf.* p. 52.

presse. Tout homme est libre de publier – *public, publicité,* c'est, dans ce contexte, la même chose que *publication*, débat *public*, etc.

LOI SACRÉE ET RÉFORMABLE

La loi de l'État, la constitution par laquelle un État est un État, est sacrée et inviolable. Prétendre qu'on peut ou qu'on a le droit de s'y opposer, de désobéir à la loi en général, c'est ruiner l'état de droit et revenir à l'état de nature, où la violence seule règle les rapports des hommes, chacun ne pouvant alors faire valoir son droit que par ses propres forces et selon son propre jugement. Mais cette obligation d'obéissance à la loi – et c'est cela le caractère sacré des lois, sans lequel la loi n'est rien, sans lequel il ne peut y avoir que le despotisme (la loi sans la liberté, la loi seulement imposée par la force) ou la barbarie –, cette obligation absolue ne signifie pas que les lois sont telles qu'on ne peut les améliorer ou que la constitution est parfaite. Au contraire, une constitution qui affirmerait qu'on n'a pas le droit de la réformer et ne prévoirait pas de mesures de réforme légale serait despotique et contraire aux droits de l'homme. Même s'il est vrai qu'il n'y a pas lieu de changer de constitution et de lois tous les jours, le caractère sacré des lois n'exclut nullement que nous ayons le droit et même le devoir de les critiquer. Un homme libre et raisonnable peut parfaitement considérer et affirmer publiquement que la constitution actuelle de la France, par exemple, n'est pas assez républicaine.

LE SIÈCLE DE LA CRITIQUE

Voilà pourquoi une prise de parti comme celle de Kant pour les Lumières plaît rarement au pouvoir en place. Le terme d'*Aufklärer* qui désigne non pas tant l'homme éclairé que le propagateur des Lumières [1], est employé par les autorités politiques ou religieuses en un sens péjoratif : pour elles, en effet, la propagation des Lumières menace l'ordre public ; elle pousse les hommes à raisonner sur tout et à mettre en péril les fondements de l'État et de la religion, puisque, pour la raison critique du siècle, il n'y a

1. *La Religion dans les limites de la simple raison*, II début, « Lumières, terme dont on se moque… », *AK*, VI, 69. *Cf. Le Conflit des facultés* (donc toujours après la mort de Frédéric II), VIII ; *AK*, VII, 89.

rien de sacré. Et que rien ne doive échapper à la critique, Kant l'avait dit en 1781 dans la première préface de la *Critique de la raison pure* : « Notre siècle est proprement le siècle de la critique, à laquelle il faut que tout soit soumis. La *religion*, par sa *sainteté*, la *législation*, par sa *majesté*, veulent ordinairement s'y soustraire. Mais alors elles éveillent contre elles un juste soupçon et ne peuvent prétendre au respect sans déguisement que la raison accorde seulement à ce qui a pu soutenir son libre et public examen[1]. » Examen, c'est interrogation, épreuve, mise à la question. La question posée dans les années 1780 est donc de savoir si le libre et public examen par la raison de toute chose, y compris de la législation et de la religion, menace la paix civile. Nous avons compris la réponse : que les hommes aient le droit de raisonner sur tout et d'exprimer publiquement leurs pensées non seulement ne ruine pas l'État et l'Église, mais c'est le seul moyen d'assurer un ordre politique qui repose sur le consentement libre, sur la volonté, et ne soit pas à la merci de la moindre épreuve de force. Est-il si difficile de comprendre que s'allient la critique radicale et l'obéissance sans révolte, la liberté d'esprit la plus complète et le refus de tout droit de résistance ? L'expérience montre que l'on rencontre des esprits libres et non conformistes chez des hommes qui remplissent leur fonction sans contestation, et, généralement, le plus plat conformisme et la servilité de pensée la plus grande chez des hommes qui contestent tout et refusent de remplir une fonction dans l'État. Mais sans doute la difficulté de sa position fera-t-elle que parmi ses lecteurs, les uns trouveront que Kant prône une obéissance servile, les autres un esprit critique dangereux : ils refuseront de méditer le paradoxe qui finit son article.

LES LUMIÈRES ET LA RÉPUBLIQUE

LE PUBLIC DES LECTEURS

La liberté de publication ne touche qu'un public restreint d'hommes capables d'écrire (même s'il ne s'agit pas d'écrivains au sens littéraire

---

1. *Cf.* p. 83.

du terme ou de poètes) et de lire, aujourd'hui encore, elle serait loin de concerner tout le peuple : qui, en effet, lit vraiment, et peut participer à un dialogue dont le seul support est l'écriture ? Or, ce public qui ne compte qu'une partie du peuple est « le public au sens propre » [1], tandis que la réunion des fidèles du prêtre, « domestique » (on pourrait traduire « une réunion de famille »), est une réunion privée ; et Kant ajoute, montrant ainsi qu'il assume cette contradiction : « quelle que soit son ampleur ». Le monde des lecteurs peut être composé d'un beaucoup plus petit nombre d'hommes que l'Église du prêtre, c'est pourtant le plus grand nombre qui ne mérite pas le nom de *public* et qui est considéré comme une société restreinte et particulière, *privée*. Le public n'est pas le peuple mais l'ensemble des hommes éclairés ou du moins en train de s'éclairer. Une telle position ne manquera pas de passer pour scandaleuse. Que voulait dire Kant pour appeler réunion *privée* une assemblée beaucoup plus nombreuse que le monde restreint des lecteurs auquel il réserve le nom de *public* ? Voilà en tout cas un bel exemple de paradoxe philosophique, et c'est ce qui rend généralement perplexe le lecteur de cet opuscule.

L'espace de liberté dont Kant demande l'ouverture est d'abord limité, et s'accroîtra avec le nombre des lecteurs au fur et à mesure du progrès des Lumières : mais il est trop tôt pour considérer cet aspect de la question, qui pourrait rassurer trop vite. Pourquoi appeler *public* seulement l'ensemble des hommes instruits ? Il importe de distinguer ici le peuple, en tant qu'il est composé d'ignorants, et le public instruit, parce que, sans cela, s'adressant au peuple, les savants et les philosophes parleront non plus entre savants, apportant à leurs égaux des raisons et soumettant des analyses à leur jugement, mais deviendront inévitablement des démagogues : ils chercheront à persuader des hommes dont l'ignorance fait des proies faciles. Il ne s'agit même pas ici, pour les plus savants, de s'adresser au peuple pour l'instruire, car c'est la tâche d'une école et ce n'est pas par les débats publics sur les affaires de l'État et la religion que peut commencer l'instruction : il faut déjà être instruit pour mener à bien ce genre de discussion difficile. Vouloir s'ériger en éducateur du peuple, c'est à coup sûr commencer une carrière de démagogue.

1. *Cf.* § 5, p. 7.

Risquons ici une remarque polémique, ou, du moins, soumettons une question au jugement des lecteurs déjà avancés dans la réflexion : ceux qu'on appelle depuis maintenant un siècle les « intellectuels » ne se sont-ils pas discrédités justement parce que, au lieu de s'adresser au public au sens propre – kantien – du terme, ils ont cherché à parler au peuple pour le persuader, risquant ainsi de perdre toute rigueur et même toute honnêteté intellectuelle ? La volonté légitime de populariser les Lumières peut conduire à les dénaturer.

LE PHILOSOPHE ET LE POUVOIR

Pour la même raison, le philosophe ne saurait vouloir devenir roi ni même conseiller du prince. Et, sur ce point, Kant est moins loin de Platon qu'il ne paraît : « Il ne faut pas s'attendre à ce que les rois deviennent philosophes et les philosophes rois. Et ce n'est pas souhaitable non plus, car détenir le pouvoir corrompt inévitablement le libre jugement de la raison. Mais que des rois ou des peuples-rois (qui se gouvernent eux-mêmes d'après des lois fondées sur l'égalité [1]) ne fassent pas disparaître ou se taire la catégorie des philosophes, mais la laissent parler publiquement, voilà qui est indispensable aux uns comme aux autres pour apporter quelque lumière *(Beleuchtung)* dans leurs affaires ; et comme cette catégorie est par nature incapable de former des factions ou de se constituer en clubs, elle est libre de tout soupçon de propagande [2]. » Il y a peut-être là plus d'ironie qu'il n'y paraît à première vue. Les philosophes *en tant que tels* ne sauraient, en effet, que philosopher et parler le langage de la philosophie, c'est-à-dire de la raison, qui exclut toute forme de propagande. La propagande repose sur la volonté, non pas de montrer ou de donner à voir, c'est-à-dire à comprendre, celui à qui l'on s'adresse demeurant libre de juger et entièrement actif, mais sur la volonté de l'emporter coûte que coûte ; il s'agit de persuader par autre chose que des raisons [3]. La rhétorique, alors, extorque l'adhésion des foules en s'ap-

1. C'est la même chose que ce que Kant appelle *Freistaat* (État libre), au § 10, p. 14. Dans un « peuple-roi » ne règne pas un roi détenteur du pouvoir législatif, c'est le peuple même qui détient le pouvoir législatif. S'il détient aussi (au lieu qu'il soit entre les mains d'un représentant) le pouvoir exécutif, c'est une démocratie despotique. \ **2.** *Projet de paix perpétuelle* ; seconde adjonction, article secret en vue de la paix perpétuelle, *AK*, VIII, 369, Presses universitaires de Lyon. \ **3.** *Cf. supra*, p. 49.

puyant sur les préjugés et les passions. L'orateur doit promettre ou faire peur. Il lui faut plaire en disant au peuple ce qu'il attend et non ce qui est. Philosopher, c'est au contraire s'adresser en l'homme à son libre jugement et exclure d'avance toute forme de pression ou de séduction.

« De même l'usage public de la raison ne s'adresse pas au gouvernement *comme tel* mais seulement dans la mesure où ses membres appartiennent au public qui lit[1]. » Philosophes, savants, hommes éclairés n'ont pas à s'adresser personnellement aux hommes d'État ni à fréquenter les allées du pouvoir. Ils n'ont d'autre ressource que d'espérer que les hommes de pouvoir les lisent ; ils ne peuvent exiger ni même désirer aucune part du pouvoir et des honneurs, ni quelque prestige social que ce soit. Mondanités et meetings sont de ce point de vue une seule et même chose. Alors les hommes éclairés ne contribuent plus à faire que la raison gouverne le monde, mais c'est leur propre pouvoir qui s'affirme, pouvoir d'un homme ou d'une coterie. Il y a, certes, une rhétorique de l'écrit, mais, nous l'avons vu, elle laisse le temps de la réflexion. Et surtout, la parole suppose un contact personnel, une présence physique des interlocuteurs, tandis que l'écriture sauve du jeu des relations humaines, et d'abord de la séduction ou des amitiés qui ne sont pas raison. Ainsi le philosophe peut bien recevoir à sa table des amis, mais il ne saurait dîner en ville avec les hommes influents.

TEMPOREL ET SPIRITUEL

Peut-être la distinction du temporel et du spirituel – distinction classique mais qui ne figure pas chez Kant dans ces termes – permet-elle ici de voir plus clairement la difficulté. Cette séparation signifie que le philosophe et le savant ne doivent pas avoir comme tels de pouvoir. S'il veut éclairer le peuple mais, pour cela, cesse de parler en savant à des savants, il est inévitable, nous l'avons vu, que le philosophe se comporte en politique plus qu'en homme éclairé et que, au lieu de faire que les Lumières soient visibles des politiques eux-mêmes, il devienne lui-même un homme de pouvoir : des « intellectuels » parfois assoiffés de justice oublient de maintenir rigoureusement la séparation du temporel et du spirituel, renforçant ainsi les

1. Joël Wilfert, *L'Enseignement philosophique*, sept.-oct. 1987.

despotismes et éloignant l'humanité des Lumières. L'écriture garantit la spiritualité du pouvoir spirituel que les relations du philosophe avec le roi ou le peuple-roi « temporalisent » inévitablement. C'est que le pouvoir spirituel n'est pas *pouvoir* dans le même sens que le temporel. Le gouvernement de la raison n'admet en effet comme tel aucune contrainte, aucun exercice de la force[1]. Il n'est pas contraire à la raison que le droit soit garanti et appliqué par la force : ou bien le droit est sans effet. Mais ainsi le droit n'est pas la moralité intérieure, il n'est que l'extériorité de la raison pratique : la moralité, c'est l'intériorité, et la moindre pression signifie sa mort. Vouloir que la raison gouverne, c'est donc concevoir un règne de la liberté où chacun, n'obéissant qu'à sa raison, s'accorderait de lui-même avec les autres. Ainsi, le pouvoir spirituel de Dieu dans le règne des fins ne suppose aucune police ni aucune sanction. Règne de la grâce, disait Leibniz. Le pouvoir politique, au contraire, appartient encore au règne de la nature ; il n'est pas seulement moral, il est aussi physique. Si l'on veut donc que le règne de la raison ait une influence sur le pouvoir temporel, il faut à tout prix éviter de « naturaliser » ou de « temporaliser » la raison. L'homme qui dit la vérité ne peut qu'espérer qu'il sera écouté et compris, il ne peut même seulement désirer qu'on lui donne des troupes ou quelques pouvoirs temporel que ce soit, par exemple un micro, pour se faire entendre. Voilà pourquoi il n'a à exiger que la liberté d'être publié : ceux qui exercent le pouvoir ou une part du pouvoir le liront, s'ils le veulent. Il n'a même pas à rêver de les rencontrer pour les persuader de vive voix, car tout serait perdu. La notion en apparence contradictoire de pouvoir spirituel signifie que l'esprit est d'autant plus fort qu'il est plus faible, d'autant plus puissant qu'il est désarmé.

Que signifie la séparation du temporel et du spirituel ? Qu'il y a une signification non seulement juridique mais morale du droit lui-même, c'est-à-dire qu'il y a une libre obéissance à la loi comme telle, obéissance sans contrainte, respect intérieur et non pas seulement extérieur, comme dit le brouillon du *Conflit des facultés*[2], sans lequel aucun droit n'est possible

---

1. *La Religion dans les limites de la simple raison*, III, I, 1 ; *AK*, VI, 96 : où il est dit qu'un législateur qui voudrait imposer par la contrainte une constitution (religieuse) dont la fin serait morale, non seulement irait à l'encontre de cette fin, mais saperait la constitution politique. \ **2.** La référence de ce texte est donnée plus haut, note 1, p. 62.

– ni aucun État ne peut même exister. Sans *autorité morale*, il n'y a de pouvoir que despotique, à la merci de révoltes et de révolutions. Si donc, à un moment donné de l'histoire, il n'y a pas de pouvoir spirituel, cela veut dire que le temporel se l'est complètement subordonné[1]. Et imaginer que le peuple et le public soient enfin une seule et même chose, c'est-à-dire que tous les hommes soient effectivement éclairés, de telle sorte que chacun ne soit plus gouverné que par sa raison, c'est considérer qu'il n'y a plus besoin de pouvoir temporel – de pouvoir contraignant –, c'est s'imaginer que le règne des fins – le royaume de Dieu – est déjà réalisé sur la Terre. Illusion dramatique car elle fait passer pour raisons les opinions d'un peuple à un moment donné de son histoire : c'est confondre tel peuple empirique et l'humanité, c'est imposer à l'humanité entière les préjugés d'une époque. La limitation du public à un petit nombre d'hommes instruits et cultivés, par sa rigueur même, sauve l'universel ! Et puisqu'il s'agit là du public au sens strict, sans limitation d'espace et de temps, ce que seule l'écriture rend en effet possible, l'universel est bien la vérité et la réalité de l'humanité tout entière, tout au long de son histoire.

LA DÉMOCRATIE DESPOTIQUE

Le public ne se définit pas par le nombre des hommes qui le composent, mais par leur instruction. Il constitue une sorte de communauté scientifique ou de république des savants. N'est-ce pas revenir au despotisme des clercs ? Les gouvernants doivent-ils prendre en compte les jugements des hommes éclairés, ou, démocratiquement, comme on dit aujourd'hui, l'avis du peuple entier ? La définition kantienne du public n'est pas démocratique mais républicaine. Et c'est ce qui fait la plus grande difficulté pour des lecteurs qui n'imaginent pas une seconde qu'on puisse mettre en cause l'idée d'une démocratie selon l'opinion, c'est-à-dire l'idée d'un gouvernement fondé sur la loi du nombre. Il paraîtra même qu'il y a ici une contradiction dans les propos de Kant, puisque, d'un côté, il ne prend en compte que l'avis de quelques-uns (celui du

---

1. Auguste Comte, *La Science sociale*, coll. « Idées », Gallimard, 1972. Comte permet aussi de voir si, oui ou non, les médias sont l'anéantissement de tout pouvoir spirituel et l'assujettissement du monde entier à l'opinion.

public éclairé) et que, de l'autre, il écrit que ce qu'un peuple ne peut vouloir lui-même, ses gouvernants ne peuvent légitimement le décider pour le peuple.

Pour le comprendre, remarquons qu'il peut arriver qu'un peuple donné, s'il est consulté, prenne à l'unanimité une décision contraire à son intérêt et surtout aux droits de l'homme. Ainsi, malgré Socrate et quelques rares opposants, le peuple athénien réuni tout entier décida un jour de juger collectivement – la loi imposant pourtant qu'on les juge séparément – les amiraux vainqueurs des Spartiates à la bataille des Arginuses, sous prétexte qu'ils n'avaient pas ramassé les morts. La tempête les en avait en effet empêchés. Ces amiraux ayant été condamnés à mort et exécutés, Athènes perdit la bataille navale suivante. Voilà l'exemple d'une décision démocratique où le peuple bafoue les droits de l'homme et se trompe sur son propre intérêt, et cela en ayant fait prévaloir l'opinion du plus grand nombre sur la loi. On le voit donc, si l'on entend par gouvernement démocratique un gouvernement qui suit l'opinion du plus grand nombre, ce peut être un régime despotique, contraire aux libertés fondamentales. Qu'un très grand nombre opprime un tout petit nombre n'est pas plus juste que le cas inverse, où un tout petit nombre opprime le plus grand nombre. La croyance selon laquelle le gouvernement de la majorité est le plus juste n'a aucun fondement. La question est de savoir s'il peut y avoir un gouvernement à la fois démocratique et républicain, c'est-à-dire tel que le principe des décisions soit la loi, dans son universalité, et non pas l'humeur majoritaire du moment. Kant, qui connaissait l'histoire des démocraties antiques, où le peuple assemblé détenait tous les pouvoirs, considérait qu'un régime démocratique est inévitablement despotique.

LA VOLONTÉ DU PEUPLE

Ainsi, lorsqu'il parle de décisions qu'un peuple peut prendre pour lui-même, Kant ne parle pas de tel ou tel peuple donné, de telle nation historique et des décisions qu'il lui arrive de prendre. Ces décisions de fait peuvent précisément être contraires à ce qu'un peuple déciderait pour lui-même s'il prenait une décision juste. Il veut dire que tout homme d'État ou tout citoyen, lorsqu'il veut savoir si telle décision est bonne ou mauvaise, n'a qu'à se demander si le peuple tout entier pourrait la vouloir pour lui-même – et celui qui s'interroge ainsi verra alors s'il juge ou non en fonction de son intérêt particulier de gouvernant ou, s'il n'est qu'un simple particulier, de son intérêt particulier de professeur de philosophie, de vigneron, de marchand ou de ce qu'on voudra. C'est ici la raison qui tranche et non le nombre des voix.

Un vote à la majorité n'a de sens qu'à condition qu'on puisse supposer les votants capables de prendre en considération l'intérêt général. Car si chacun ne vote qu'en fonction de son intérêt particulier, la somme des suffrages donne une décision qui ne représente pas l'intérêt du peuple, mais une alliance d'intérêts particuliers dominants (il ne faudrait pas dire « majoritaires », ce qui, il est essentiel de le comprendre, ne signifie pas « plus nombreux » : on voit comment le mauvais usage d'un terme exprime parfois à lui seul toute une idée de la politique ; il en va de même pour le mot « minorité ») à un moment donné, au détriment de quelques autres, nécessairement lésés dans ce marchandage. Chacun étant supposé chercher l'intérêt général, les différences d'avis n'étant plus fondées sur des divergences d'intérêt, on peut considérer que la décision prise à la majorité ne lèse pas la minorité. Où l'on voit qu'un vote est par sa nature même le contraire d'un sondage d'opinion. Qu'une enquête statistique cherche quelle couleur telle catégorie de population préfère pour tel vêtement, rien n'est plus légitime. Le citoyen vote en fonction de l'idée de l'intérêt général, il n'est plus citoyen s'il se contente de dire ce qui lui plaît.

Si le républicanisme n'est pas la loi du nombre, on peut concevoir qu'un despote, seul détenteur du pouvoir (qui ne consulte jamais le peuple), qui donc détient le pouvoir législatif aussi bien que l'exécutif, prenne une décision républicaine[1], c'est-à-dire conforme à l'intérêt du peuple. On peut même imaginer le cas où il aurait contre lui l'opinion du plus grand nombre, comme il arrive pour les décisions qui demandent du courage. En 1784, par exemple, une réforme politique est donc possible : non seulement ce n'est pas une révolution renversant l'État par la violence, mais il n'y a pas lieu de commencer par changer la constitution monarchique en vigueur pour mettre en place une constitution républicaine (où le peuple retrouverait son pouvoir législatif, où les sujets

1. *Le Conflit des facultés*, II, 6 ; 2e note. *Cf. supra*, pp. 57-58, sur le roi.

seraient des citoyens) ; cette réforme peut et doit être entreprise dans le cadre des institutions par le roi et son gouvernement. Mais elle suppose que commence à régner l'esprit républicain, c'est-à-dire les Lumières. Voilà pourquoi Kant considérait comme essentiel que se forme peu à peu un public instruit qui, du seul fait de la liberté d'expression, fasse progressivement régner l'esprit républicain dans tout un peuple et sur ses gouvernants ; et il voyait là quelque chose de plus fondamental encore qu'un changement constitutionnel. C'est qu'il n'y a de république que par la volonté de républicains, par leur lucidité et leur vertu. Il ne sert à rien de donner au peuple tous les pouvoirs, d'en faire un *peuple-roi* [1], selon l'expression du *Projet de paix perpétuelle* que nous avons citée, ou un *État libre*, selon les termes de l'opuscule de 1784, si tous les préjugés et les corruptions qui sont liés au despotisme ne sont pas déjà extirpés. On sait que Rousseau [2] portait le même jugement sur la monarchie française, considérant que l'état de corruption de la France – autour de 1760 – était tel que la seule introduction du scrutin entraînerait un bouleversement qui renverserait tout l'appareil de l'État et aggraverait la situation.

L'IDÉE COSMOPOLITIQUE [3]

La république est d'abord un esprit, un mode de penser, avant d'être un certain type d'institutions [4], et le progrès des Lumières peut seul faire régner cet esprit. Cette idée qui résume toute la philosophie politique de Kant trouve son expression dans l'idée de *public*. Un tel public, en effet, est composé, non pas simplement de citoyens, mais d'hommes, c'est-à-dire d'êtres raisonnables dont les jugements sont indépendants de toute considération seulement nationale. L'homme qui appartient à un tel public y figure non pas en tant que « partie de la machine » qu'est l'union civile, mais en tant que « membre d'un corps commun entier, et même de la société cosmopolitique, par conséquent en qualité de savant

1. *Cf.* note 1, p. 68. \ **2.** *Cf. Jugement sur la polysynodie de l'abbé de Saint-Pierre*, in *Œuvres*, coll. « Bibliothèque de la Pléiade », Gallimard, t. III, p. 638. \ **3.** *Cf.* Glossaire : Cosmopolitique, p. 92. \ **4.** B. Bourgeois, « L'idée de république universelle », *Philosophie politique*, n° 4, novembre 1993, PUF, p. 173 : « [...] le républicanisme est, en tant qu'affirmation juridico-politique de la raison universelle, plus fondamentalement qu'une structure ou une constitution, un esprit. »

qui s'adresse par des écrits à un public au sens propre » : non pas seulement en tant que citoyen de tel État, mais en tant que citoyen du monde, citoyen d'une République universelle, supérieure à toute communauté réelle historique ou de fait. Et tel est peut-être l'essentiel de la leçon que donne notre opuscule : l'universel, l'humanité elle-même, au sens le plus fort du terme, ne se réduit pas à tel groupe d'hommes, quel que soit leur nombre, quand même il compterait tous les peuples de la terre aujourd'hui présents et tous ceux d'autrefois. Leurs jugements n'engagent pas la postérité, qui doit pouvoir à son tour prendre elle-même ses décisions. Toute unanimité est relative au nombre des présents et ne compte que quelques hommes qui sont peu de chose comparés à l'ensemble des hommes passés, présents et à venir. Même l'unanimité des hommes d'hier et d'aujourd'hui ne suffit pas. C'est pourquoi aucune décision de fait ne peut se donner comme définitive. Les droits de l'homme sont quelque chose de plus que ceux du citoyen, et ceux du citoyen ne sont des droits qu'en tant qu'ils permettent la réalisation des droits de l'homme, de l'humanité de l'homme. Dès que les droits du citoyen sont tenus pour les seuls droits, c'est la fin de tout état de droit. Toute tentative de résorption des droits de l'homme dans ceux du citoyen est par nature despotique. L'idée d'une République universelle, cosmopolitique, supérieure à toute république particulière, comprenant non seulement celle d'une Société des Nations assurant la paix entre les États, mais une République universelle des esprits éclairés, est donc essentielle et comme la clef de voûte de la réflexion politique.

L'UNIVERSEL

Seule la compréhension du vrai sens de l'universel permet de prendre la mesure de l'importance accordée par Kant à la liberté d'écrire. L'usage public de ma raison est celui que j'en fais en tant qu'homme qui s'adresse aux hommes en tant qu'hommes – et non en tant que fonctionnaires, citoyens d'un État ou même coreligionnaires. Car l'État ou l'Église ne sont jamais qu'un État ou une Église, c'est-à-dire des associations particulières qui ne comprennent pas toute l'humanité. Toute Église historique est particulière et non universelle – *universel* se dit en grec *catholique*. Quand je parle, au contraire, en tant qu'homme, je m'adresse à tous les hommes, à la postérité, et pas seulement à mes voisins ; c'est ce que voulait dire Malebranche lorsqu'il intitulait une de ses œuvres *Entretien d'un philosophe chrétien avec un philosophe chinois sur l'existence et la nature de Dieu*. Ne confondons pas unanimité et universalité, accord de fait entre quelques hommes, si nombreux soient-ils, et compréhension de la vérité par le jugement libre de la raison. Aussi Kant maintient-il toujours de manière strictement rigoureuse, explicitement, la différence de l'humanité empirique (donnée, historique) et de l'humanité intelligible et totale (elle n'existe qu'en idée). Il faut maintenir cette différence pour que la critique de l'humanité donnée soit toujours possible. Sans cette idée, l'humanité empirique, figée dans l'état où elle se trouve, disparaît dans la servitude ; elle perd son humanité. L'homme est le seul être de la nature dont la réalité ne se réduit pas à ce qu'il se trouve être à un moment donné, en un lieu donné. La réduction à ce qu'il est l'anéantit dans l'instant (et c'est pourquoi il ne peut être objet de science). L'humanité se définit donc essentiellement par le progrès des Lumières : par la possibilité qu'elle a de voir toujours plus clair et de ne pas rester enfermée dans les représentations insuffisantes qu'elle peut avoir de son propre bien : « Une époque ne peut pas se liguer et jurer de mettre la suivante dans un état où il lui serait nécessairement impossible d'étendre ses connaissances (principalement celles qui sont du plus haut intérêt), de se débarrasser des erreurs et, d'une manière générale, de progresser dans les Lumières. Ce serait un crime contre la nature humaine, dont la destination originelle consiste justement dans ce progrès. »

Ainsi, chez Comte, la fonction du Grand Être – c'est le nom qu'il donne à l'humanité – a le même sens que la transcendance de Dieu chez Descartes, par exemple. C'est la transcendance de l'universel sur le social et la communauté réelle, religieuse ou même scientifique. Sans cette transcendance de la raison, il n'y a pas de liberté individuelle possible, car chacun, si la raison n'est pas supérieure à toute association de fait, se trouve assujetti à l'opinion du groupe où il se trouve intégré – comme on dit. L'universel signifie qu'il y a quelque chose qui transcende tout homme empirique et toute communauté donnée, toute opinion particulière ou toute représentation collective, ce qui veut simplement dire que la vérité ne dépend pas de l'opinion des hommes, ni de la mienne ni de celle d'une société, ou, pour parler cette fois comme Platon, que l'homme n'est pas la mesure de toute chose. Il ne dépend pas de notre avis que ceci ou cela soit vrai ou ne soit pas vrai ; et nous l'admettons tous, s'il s'agit de l'existence des choses du monde extérieur, par exemple de ce livre, que nul ne prend pour une simple représentation collective imposée par telle ou telle culture (comme si les Chinois ne pouvaient être assurés de son existence). L'affirmation d'une norme transcendant toute norme sociale et historique nous donne la liberté de ne pas croire les prêtres et les politiques, et l'on comprend ainsi que, sans cette norme, il n'y a pas de liberté possible : c'en est fini de l'individu comme personne. Nul n'est homme, c'est-à-dire libre, en tant qu'il se réduit à ce que fait de lui telle société donnée, mais en tant qu'il appartient à l'humanité universelle.

« L'UNIQUE PALLADIUM »

Le citoyen d'un État doit obéir à la loi de son pays. Mais il ne vit en république que s'il peut, par ses écrits, constituer avec les hommes libres et éclairés des autres pays un public universel, c'est-à-dire une communauté de savants libres, en tant que savants, de tout ce qu'il peut y avoir de particulier dans les intérêts nationaux. Ainsi, la question se pose de savoir si ce qu'on appelle aujourd'hui la communauté scientifique possède cette liberté, ou si elle en est encore loin, les savants étant tributaires, pour réaliser leurs travaux et choisir leur orientation, de budgets et de décisions décidés par des ministères dont l'objectif n'est pas la vérité mais la puissance économique et militaire de l'État. Notre monde n'est pas conforme aux exigences de Kant, qui ne sont pas si étriquées qu'on le croit parfois. Voilà pourquoi le droit de publier ou d'écrire est bien « l'unique *palladium* des droits du peuple[1] », c'est-à-dire la garantie ultime et absolue de ces droits, le rempart de la liberté, ce qui assure le respect des droits et le progrès de la liberté et des droits. Son insistance sur ceci qu'un tel droit ne nuit pas à l'ordre public ne doit pas nous rendre aveugles à l'essentiel : un tel droit permet l'obtention de tous les autres : il permet le progrès des Lumières, c'est-à-dire l'extension progressive du public instruit, processus indéfini dont l'asymptote est l'identité de la masse (ou du peuple) et du public.

---

1. *Théorie et Pratique*, Hatier, p. 65, II, § 23 (ouvrage épuisé, à consulter ou à télécharger sur www.ac-grenoble.fr/PhiloSophie). Le palladium était la statue de Pallas (Athéna), qui passait pour le gage de la conservation de Troie : par extension, on appelait ainsi tout objet considéré comme protégeant une ville (à Rome, le bouclier sacré).

L'OPPOSITION PERMANENTE

Au véritable savant, au philosophe, de s'opposer, au sein de l'Université – et Kant demande en 1798 que ce droit d'opposition soit garanti par la loi et respecté par le gouvernement –, à ceux qui, utilisant la superstition du peuple, prétendent avoir un pouvoir magique, que ce soit celui du prêtre, du médecin, ou du savant en général ; c'est aussi bien un droit de s'opposer aux *observances* liées à cette superstition, c'est-à-dire de publier des livres pour dire ce qu'on pense des rites et des pratiques qu'ils veulent imposer aux ignorants. Leur pouvoir s'exerce sur les consciences et les corps : beaucoup d'hommes vivent « comme si, en se remettant passivement à des guides aussi habiles, on était totalement dispensé d'agir par soi-même et qu'on était conduit par eux jusqu'à atteindre très commodément les fins qu'on se propose [1] ». Théologiens et juristes officiels de l'Église et de l'État constituent le parti gouvernemental, c'est-à-dire la droite (la droite du parlement est du côté de la main qui agit : « de droite » signifie « gouvernemental »). Mais il n'y a pas de liberté s'il n'y a pas aussi une opposition, la gauche [2], qui par essence a pour tâche de soumettre les décisions gouvernementales à un examen rigoureux et aux objections qui en découlent. En ce sens, le parti d'opposition, composé de l'ensemble des philosophes, des savants et des hommes éclairés, n'est pas un parti, c'est le public au vrai sens du terme, cosmopolitique, dont le support des débats est l'écriture. Cette opposition n'a aucune vocation gouvernementale (il suffit qu'un homme, même philosophe, participe au pouvoir ou qu'il ait une part des honneurs pour perdre la liberté de son jugement [3]). Ce que l'on appelle l'alternance dans les démocraties du XXe siècle, divers partis exerçant le pouvoir tour à tour, signifie qu'il y a au moins deux partis gouvernementaux ou, selon le sens que nous donnons ici aux mots avec Kant, deux droites, sans garantir encore qu'il y ait une gauche. Qu'on nous comprenne bien ! Nous ne prétendons pas qu'une telle alternance soit pire que l'exercice du pouvoir par un parti unique, sachant bien que la doctrine du parti unique exclut par principe toute forme d'opposition, comme au royaume de Dieu. Mais

---

1. *Le Conflit des facultés*, I, 1, 3 ; *AK*, VII, 31 : c'est la suite des considérations sur la médecine reprises ici p. 47. \ **2.** *Ibid.* I, 1, 4 ; *AK*, VII, 35 : il s'agit du parlement de la science. \ **3.** *Cf. supra*, p. 68.

nous remarquons seulement que, *par elle-même*, l'alternance ne garantit pas l'existence d'une réelle opposition ni même le droit qu'elle aurait de s'exprimer. L'existence d'un public éclairé n'est pas seulement, il est vrai, une question institutionnelle. Ajoutons, pour éviter toute équivoque, qu'il ne suffit pas qu'un homme soit présenté comme philosophe, qu'il prenne la parole devant quelques millions de spectateurs et se prononce sur les affaires du monde, pour qu'on soit tenu de le croire ou, tout simplement, de penser qu'en effet il est philosophe. Kant ne demande pas qu'on le croie mais qu'on le lise, si l'on en est capable, et qu'on exerce soi-même son libre jugement.

L'IDÉE DE LA RELIGION

La signification des longues analyses consacrées par Kant à l'exemple de la liberté de l'usage public de la raison en matière de religion ne peut être comprise si l'on ne sait pas quelle est la nature de la religion. L'opuscule de 1784 ne peut que paraître obscur sur ce point aux apprentis et c'est *La Religion dans les limites de la simple raison*, de 1793, texte fort difficile, qui permet de voir ce que Kant veut dire. Nous tâcherons donc d'exposer brièvement l'idée de la religion, c'est-à-dire de la religiosité. Nous entendrons par *religiosité* la religion intérieure, pure croyance de la raison, foi morale rationnelle, comme nous le verrons. Comme l'idée d'une religion purement intérieure, sans manifestation extérieure, peut sembler faire de la religion un sentiment vague, de même qu'une pensée sans son expression est indéterminée et finalement vaine, le terme de *religiosité* a souvent en français un sens péjoratif. Nous le prendrons ici au sens strict d'*essence de la religion* : ce qui fait qu'il y a réellement religion. La religion est dans son principe religiosité, c'est-à-dire religion intérieure, et si le culte qui en est la manifestation extérieure (Kant rend compte de la nécessité d'un tel culte, qui tient à la finitude de la raison humaine) ne lui est pas subordonné, alors on a une religion extérieure qui ne mérite pas le nom de *religion*.

LE FAUX CULTE

Pour comprendre en quoi consiste la véritable religion, c'est-à-dire la religiosité, partons de la critique radicale qu'Adimante, frère de Platon, propose (au Livre II de *La République*) de l'éducation religieuse que les hommes subissent. Cela vaut-il la peine d'être un homme de bien, demande-t-il à Socrate, si la moralité consiste seulement à agir de telle sorte qu'on soit récompensé non seulement en cette vie, mais après sa mort, et qu'on échappe aux peines des enfers, comme on nous le raconte depuis notre plus tendre enfance ? Ces contes moralisateurs sont la manière dont les cités et les familles inculquent aux enfants ce qu'on appelle « la morale » : cette expression, toujours entendue aujourd'hui en ce sens péjoratif, signifie dans ces conditions un ensemble de règles nécessaires à la coexistence des hommes dans une société donnée. Ces règles sont certes utiles, croit-on, mais sans valeur en soi ; on ne les respecte pas pour elles-mêmes, mais parce qu'on a peur des châtiments et qu'on attend des récompenses. Pour celui pour qui, au contraire, la justice est un bien en elle-même et pour elle-même, une valeur en soi, commettre l'injustice est un plus grand mal que la subir : c'est un mal pour lui-même – et pas simplement pour celui envers qui il est injuste. De la même façon, il sait que, pour lui, il est pire d'échapper au châtiment que d'être puni. Un tel homme – Socrate – a compris qu'être juste est bon en soi, c'est-à-dire que c'est *pour lui* un bien. Être juste est son bien, ce n'est pas pour lui un mal nécessaire qu'il accepterait pour que la cohésion sociale soit maintenue ou même seulement par respect d'autrui (et non pour lui-même !).

La pression sociale impose à l'homme ce qu'on appelle des « valeurs », croyances qui ne sont ancrées en lui qu'autant qu'il est mû par la peur ou par l'amour des plaisirs et des honneurs. Elles ne dépendent pas d'un libre jugement, par lequel il reconnaîtrait leur vérité. Les histoires qu'on ressasse sur la destinée de l'âme après la mort ont ainsi été inventées pour frapper l'imagination des hommes rendus fous par la peur de mourir et elles assurent la cohésion sociale qu'ils pourraient menacer s'ils pensaient pouvoir échapper après leur mort à l'impunité. Le ministère des cultes est un département du ministère de l'Intérieur. Il faut une police des mœurs. Sous ces différentes formes que sont les diverses religions, la croyance en Dieu et en l'immortalité de l'âme peut donc sembler ne faire que gouverner les hommes par la crainte et la convoitise – la carotte et le bâton. Et s'il en est ainsi, si l'humanité est mue par des mobiles sensibles, c'est-à-dire animaux, la spiritualité n'est qu'une affabulation. Comme, au nom de Dieu et du sacré, les hommes ont commis les pires crimes, cette thèse semble vraie. Ainsi l'histoire du christianisme, « quand on l'embrasse d'un seul coup d'œil, comme un tableau, pourrait bien justifier l'exclamation. *Tantum religio potuit suadere malorum !* Tant la religion a pu conseiller de crimes[1]... ». Telle est la vérité critique du matérialisme : les fables sur l'au-delà n'ayant d'effet que sur des hommes qui ont peur de la mort, il suffit à Épicure de montrer que la mort n'est rien pour faire disparaître toutes ces fantasmagories.

Mais cette critique de la morale et de la religion a pour principe – aussi bien chez Lucrèce et Épicure – une très haute idée de la morale, l'idée d'une justice qui soit voulue cette fois pour elle-même et non pour les avantages qu'elle procure, d'une pratique du bien bonne en elle-même et non simplement dans le cadre des marchandages que sont parfois les affaires humaines. C'est cette justice-là qu'Adimante veut forcer Socrate à lui dépeindre, parce qu'il sait qu'elle est le seul vrai bien et que Socrate l'a pratiquée toute sa vie. Dans un autre dialogue, l'*Euthyphron*, Socrate se contente de demander s'il faut être pieux parce que les dieux le veulent ou si la piété vaut absolument et indépendamment des décrets des dieux, de telle sorte que c'est sa valeur absolue qui détermine ici la volonté des dieux ou bien celle de l'homme pieux. Faut-il vivre juste et honnête pour plaire aux dieux, ou la justice vaut-elle en elle-même qu'on la pratique ? Est-elle pour nous un réel bien, ou seulement une monnaie d'échange ? Si ce n'est qu'une question de marchandage, alors il suffira de sauver les apparences, de faire semblant d'être juste ou de ne pas se faire prendre. Une pratique religieuse et un culte qui servent Dieu pour en obtenir des récompenses sont fondamentalement immoraux ; le fétichisme ou la superstition, croyance par laquelle on s'imagine pouvoir fléchir le Tout-Puissant, sont ainsi le comble de l'immoralité, puisque c'est être hypocrite qu'appeler religiosité et moralité des mobiles aussi bas. Mieux vaut un franc scélérat.

---

1. La citation latine est de Lucrèce, *De natura rerum*, I, 101. Kant poursuit en opposant à ce que l'histoire a fait du christianisme l'idée qui l'animait dans l'esprit de son fondateur. *La religion dans les limites de la simple raison*, II, 2 ; *AK*, VI, 131. *Cf. infra*, p. 84.

LA CROYANCE DE LA RAISON

La vraie foi, au contraire, est d'abord foi en la vertu, en la justice ; c'est une foi en l'homme, la foi en soi-même comprise dans le courage qu'a le plus humble de faire son devoir. Cette foi est religieuse en ce qu'elle comporte une confiance en Dieu et en l'immortalité. Pourquoi ? L'homme qui réfléchit ne peut manquer de voir que le cours du monde n'est guère conforme aux vœux de son cœur. Je ne parle pas d'un homme malheureux parce qu'il est déçu dans sa soif de richesse et dans son ambition, mais d'un sage, tel Spinoza ; il a beau être juste et ne pas se laisser gouverner par ses désirs, il voit autour de lui régner le mensonge et la violence. « Les honnêtes gens qu'il rencontre, sans que soit pris en compte le fait qu'ils sont dignes d'être heureux, seront soumis par la nature qui n'y prête aucune attention, à tous les maux que sont la misère, les maladies et la mort prématurée, exactement comme les autres animaux sur terre, et ils le resteront toujours, jusqu'à ce qu'une vaste tombe les engloutisse tous (peu importe qu'ils soient honnêtes ou malhonnêtes), et les rejette, eux qui pouvaient croire être la fin ultime de la création, dans le gouffre qu'est le chaos sans finalité de la matière dont ils avaient été tirés[1]. » Comprenons bien ici que nous ne revenons pas à la rhétorique du faux culte. S'il est vrai que la croyance en Dieu et en l'immortalité signifie qu'il nous est permis d'espérer un meilleur sort que celui que l'existence terrestre réserve même au juste, cette foi ne fait pas de cette espérance le mobile de la justice. Mais celui-là même qui est honnête par honnêteté, qui donc a compris que la justice est un bien en soi et non pour les avantages qu'elle procure, celui-là risque de désespérer et de perdre courage devant le cours moral du monde. Aux yeux du meilleur des hommes, les atrocités dont est faite la vie des hommes dans la nature peuvent anéantir toute conviction morale. Il lui faut donc croire que la nature des choses n'est pas en fin de compte indifférente à la justice, comme on le voit trop souvent. Croire, ici, c'est vouloir et non s'en tenir à l'expérience ; c'est vouloir et non subir. Ainsi, la croyance en Dieu signifie que la nature a un créateur moral, le bon Dieu, et cette croyance procède de notre conviction morale pour la prolonger et la renforcer. Kant y voit donc une croyance de la raison, puisqu'elle

1. *Critique de la faculté de juger*, § 87, AK, V, 453.

découle en l'homme de la seule conscience qu'il a de son devoir – la loi morale, c'est la rationalité de l'action[1] – et de ce qui en permet la réalisation. Cette foi inséparablement morale et religieuse repose tout entière sur la volonté d'agir selon le bien et ne subordonne pas la bonne conduite à l'espoir des récompenses ou à la peur des châtiments, encore moins à la pratique de tel ou tel rite qui permettrait d'obtenir les faveurs de Dieu sans avoir à vivre en homme de bien[2]. Elle est le discours que l'homme se tient à lui-même pour se donner la force d'affronter les dures conditions de son existence d'homme.

LA RELIGION ET LES RELIGIONS : L'UNITÉ DE L'HUMANITÉ

Cette incantation ou cette exhortation a pris la forme historique de poèmes et de fables : ce sont les multiples et riches mythologies humaines, où l'homme éclairé sait voir, quelles que soient les différences apparentes qui les séparent, les vêtements, c'est-à-dire les divers véhicules ou les diverses expressions de l'unique religion morale, rationnelle (ou naturelle), qui ne dépend pas en effet de telle ou telle confession, mais peut être trouvée par tout homme en lui-même s'il réfléchit sur son devoir d'homme et sur sa vocation d'être moral. Ainsi, l'idée kantienne de la religion naturelle comme religion morale rationnelle permet de reconnaître la religiosité des hommes dont les rites et les pratiques ne sont pas les nôtres, et de concevoir que leur religion aussi est une religion. À quoi bon, dès lors, vouloir les convertir, si l'on est capable de voir sous le vêtement particulier que sont les rites et les symboles étrangers (ce qu'on appelle aujourd'hui la différence) la même religiosité qu'expriment à leur manière nos rites et nos symboles ? Celui qui sait lire l'universel dans le particulier déracine en lui-même le fanatisme parce qu'il ne voit plus dans l'autre l'étranger mais le semblable. Au contraire, définir l'homme, comme fait une grande part de la sociologie et de l'anthropologie des deux derniers siècles, par la différence ou la distinction, c'est-à-dire par l'appartenance sociale et les rites particuliers qui la définissent, c'est nier l'universel. Il n'y a plus une unique humanité, mais des humanités sans communauté réelle, des « cultures » juxtaposées sans véritable communication possible, puisque chaque

1. *Cf.* notre introduction à *Théorie et Pratique*, *op. cit.*, p. 11-13. \ **2.** *Cf. supra*, pp. 47-48.

homme se trouve défini par son « appartenance culturelle » et non par son humanité, humanité commune aux hommes, comme le voulaient au contraire les philosophes des Lumières – et les rédacteurs éclairés de la *Déclaration des droits de l'homme et du citoyen*, qui sont universels. Ce qu'on appelle aujourd'hui les « communautés » (au pluriel) correspond à une représentation de l'humanité qui la morcelle en sociétés étrangères – et nul ne s'étonnera de voir en conséquence renaître les guerres de religion. Cette représentation nie qu'il y ait une communauté humaine, c'est-à-dire nie l'humanité. Au contraire, l'idée cosmopolitique que développe la philosophie kantienne est inséparable d'une pensée de la religion morale et rationnelle comme religion unique, universelle, dont les communautés particulières ou les cultes particuliers ne sont que les divers représentants, mais dont aucune ne peut prétendre être l'unique Église. Tel est le fondement de la liberté qui, selon Kant, doit être accordée à un prêtre de publier ses jugements sur le rite et le culte de son Église particulière.

FÉTICHISME ET RELIGION MORALE

Si la religion en sa vérité est religiosité intérieure, morale, on comprend que la distinction des clercs et des laïcs soit particulièrement avilissante [1]. Pour ce qui a trait à la moralité intérieure, nul en effet ne saurait se contenter d'obéir aux directives d'un autre, même le plus sage. Être juste parce qu'on me le dit n'est pas être juste par justice, honnête par honnêteté, c'est-à-dire en ayant jugé qu'il est bon en soi d'être honnête ; c'est me plier à des règles extérieures, et ma conduite ne comporte aucune moralité. La vraie morale n'est pas l'obéissance à des règles établies, imposées par l'éducation ou la pression sociale, elle est la reconnaissance libre de la justice et du bien. Ainsi, les lois et les articles de foi d'une Église historique donnée, qui doivent nous être révélés par un livre et qui, comme tels, ne procèdent pas de notre raison, de notre jugement d'homme éclairé, ne peuvent être tenus que pour des moyens nous permettant d'accéder à l'intention morale pure. Ils ne sont pas la religion véritable mais son véhicule extérieur. L'homme ne connaît qu'une seule direction, celle de sa conscience. « Les lois statutaires qui ont

1. *Cf. supra*, p. 42, et toute *La Religion dans les limites de la simple raison*.

besoin d'une révélation ne sont qu'un moyen pour l'intention morale : leur observance ne peut être considérée comme agréable à Dieu que de manière conditionnelle : si elle est subordonnée à notre effort pour nous bien conduire. Celui donc qui leur donne le premier rang, qui les dit nécessaires pour la religion comme condition objective nous rendant agréable à Dieu, qui place ainsi au second rang après cette foi historique notre effort pour nous bien conduire : celui-là transforme le culte de Dieu en simple fétichisme, en un faux culte qui fait échouer toute tentative pour parvenir à la vraie religion. Tant importe, quand on veut les lier, l'ordre de liaison de deux bonnes choses. Or, faire cette distinction constitue *les vraies Lumières (die wahre Aufklärung)* ; ainsi le culte de Dieu devient libre et par-là moral[1]. » Le faux culte est proprement servile, puisque l'homme s'avilit en servant Dieu comme un despote qu'on veut séduire ; il est idolâtre, puisqu'il confond l'image et ce dont l'image n'est que l'image, l'extérieur (rites, articles de foi) et l'intérieur (l'intention, la religiosité). Au contraire, « faire la distinction suivante dans la présentation des concepts appartenant à la moralité, constitutive de l'essence de toute religion, et donc à la raison pure (ces concepts se nomment idées) : distinguer le symbolique[2] de l'intellectuel (le culte d'avec la religion), l'enveloppe, certes utile et nécessaire pour un temps, d'avec la chose même, voilà les Lumières *(ist Aufklärung)*. Sinon un idéal (de la raison pure pratique) est échangé contre une idole, et la fin ultime est manquée[3] ». Le cléricalisme consiste à imposer un culte fétichiste.

Et (ce n'est pas trahir Kant que de parler en ces termes) la religion chrétienne en son essence, c'est-à-dire telle qu'elle a été en son créateur, comme en témoignent sa vie et ses paroles, est anticléricale et, pour cette raison, peut être considérée comme une religion naturelle. Le refus du cléricalisme au nom de la religion morale ne signifie pas qu'il faille du jour au lendemain refuser tous les rites et tous les articles de foi de l'Église en place : « [...] On peut conserver à la foi d'Église, sans en abandonner le culte ni le combattre, son utile influence de véhicule, et lui ôter cependant, comme illusion du devoir du culte, toute influence sur le concept de la religion au sens propre (c'est-à-dire de la religion morale). » Nous l'avons déjà vu, tel est le fondement d'une reconnais-

1. *La Religion dans les limites de la simple raison*, *AK*, VI, 178 *sqq.* \ **2.** *Cf.* Glossaire : Symbole, p. 93. \ **3.** *Anthropologie au point de vue pragmatique*, § 38.

sance mutuelle des diverses confessions, et ainsi la religion morale est le lien humain par excellence : « [...] un esprit de conciliation peut être suscité entre les hommes, malgré la diversité de leurs croyances, par les principes de l'unique religion de la raison à partir de laquelle les docteurs ont à expliquer tous les principes et observances ; jusqu'à ce qu'avec le temps, grâce au triomphe des vraies Lumières (c'est-à-dire d'une légalité qui dérive de la liberté morale), on puisse, avec le consentement de tous, échanger la forme d'une croyance avilissante fondée sur la contrainte contre une forme ecclésiastique à la mesure de la dignité d'une religion morale, c'est-à-dire la forme d'une libre foi[1]. » Le prêtre éclairé sait que les rites, les observances et les professions de foi, tels qu'ils sont imposés par la tradition, ne sont pas l'essentiel de la religion mais seulement sa manifestation extérieure contingente et provisoire.

LIBERTÉ ET RELIGION. RETOUR À 1784

Ces pages de l'ouvrage de 1793 (*La Religion dans les limites de la simple raison*) éclairent l'opuscule de 1784 et l'argumentation par laquelle il demande aux autorités politiques et ecclésiastiques de laisser les prêtres libres de publier, comme savants, la critique qu'ils jugent fondée de tel rite ou de tel article de foi. On comprend, en effet, l'importance de la question religieuse. Le faux culte exclut jusqu'à l'idée d'une humanité responsable pour soumettre les hommes à la superstition ou au fétichisme, mal moral autant qu'intellectuel, qui est la servitude d'esprit. Un homme incapable de liberté religieuse demeure mineur sur l'essentiel : jamais il n'est à lui-même son propre guide ; sa conduite n'est pas la sienne. Interdire par conséquent à des prêtres de publier leur jugement sur tel rite ou tel article de foi, c'est nier la religion dans ce qu'elle a de plus élevé. La plus grande menace contre la religiosité, ce n'est pas la liberté, mais la servilité. La liberté n'est pas un obstacle à la pureté des intentions, tandis que la nécessité de se cacher pour dire tout ce qu'on pense à quelques amis est à l'origine de toutes les sociétés secrètes[2] et de tous les complots, et ne peut que corrompre. Ainsi, les pressions cléricales et despotiques éloigneront inévitablement les hommes de

1. *La Religion*..., III, 1, 7 ; *AK*, VI, 123. \ **2.** *Théorie et Pratique*, *AK*, VIII, 305 ; *op. cit.*, p. 66.

l'idée même qu'ils pourraient un jour être tout simplement honnêtes. Elles produisent un effet rigoureusement contraire à celui de la vraie religion. C'est la raison pour laquelle Kant peut écrire, sans la moindre ironie, en 1793, que son siècle est l'époque la meilleure dans l'histoire de l'Église [1], précisément parce qu'elle est celle où la liberté et la « publicité » sont les plus grandes, celle où la religion ne peut arguer de sa sainteté pour refuser d'être soumise au libre et public examen de la raison qu'est la critique [2]. De même que, selon le célèbre mot de Figaro [3], « sans la liberté de blâmer, il n'est point d'éloge flatteur », de même il n'y a pas d'intention pure là où règne sur les consciences une contrainte exercée par des tuteurs qui inspirent dans le cœur des hommes la terreur pour les éloigner de tout libre examen par la raison [4]. Le siècle de la critique peut faire disparaître le faux culte, non la vraie religion.

Mais là n'est pas le point le plus délicat de l'argumentation de 1784. Comment, en effet, le même homme peut-il, comme savant ou docteur, publier un livre où il fait la critique d'un article de foi et, comme prêtre, continuer de l'enseigner à ses fidèles ? On comprend que, n'adressant pas cette critique au peuple mais au public des savants, il ne soit pas dangereux pour l'ordre établi. C'est au demeurant ainsi que Kant se défendra contre la censure quand, en 1793, le nouveau roi s'en prendra à lui à cause de la publication de son livre sur la religion, qui, en effet, ne peut être compris que par quelques spécialistes et ne risque donc pas de troubler la grande masse. Mais lui-même n'est pas prêtre et n'a pas à apprendre à des fidèles les articles de foi dont il fait la critique et qui sont dans cette mesure contraires à sa propre conviction. Le devoir qu'a un prêtre de limiter l'usage privé de sa raison est un devoir de réserve qui lui interdit de faire part de ses convictions personnelles quand il s'adresse à ses fidèles : comment un tel devoir ne pèserait-il pas sur sa conscience, contrairement à ce qu'écrit Kant ? Comment, comme savant, considérer, par exemple, que le Christ ne peut être dit fils de Dieu mais seulement homme (s'il est le fils de Dieu, en effet, il ne peut plus nous être proposé comme exemple, et l'on comprendrait trop aisément que

1. *La Religion…*, AK, VI, 131. \ **2.** *Critique de la raison pure*, préface de la première édition, citée p. 65. \ **3.** Beaumarchais, *Le Mariage de Figaro*, monologue de Figaro, acte V, scène III. \ **4.** *Qu'est-ce que s'orienter dans la pensée ? AK*, VIII, 144-145.

de simples hommes ne puissent agir comme lui) et, comme prêtre, enseigner qu'il est le fils de Dieu ? Que dit Kant ? « Ce qu'il [le prêtre en question] enseigne du fait de ses fonctions, comme mandataire de l'Église, il le présente comme quelque chose qu'il n'a pas le libre pouvoir d'enseigner selon son opinion personnelle, mais qu'il s'est engagé à exposer selon la prescription et au nom d'un autre. Il dira : "Notre Église enseigne ceci ou cela ; ce sont les arguments dont elle se sert." » N'est-ce pas de l'hypocrisie ?

La raison pour laquelle un tel prêtre n'est ni hypocrite ni prisonnier d'un conflit entre le devoir de sa charge et sa conscience, c'est qu'il a compris le caractère extérieur des symboles et des professions de foi d'une Église particulière et qu'il ne donne pas une valeur absolue aux formulations imposées par la tradition. Il accepte de respecter les rites et les formulations dont il demande la réforme, parce qu'il les considère comme nous avons vu plus haut qu'un homme éclairé considère toute religion historique particulière : comme le vêtement provisoire de l'intériorité morale. Aussi Kant poursuit-il « Il tirera ensuite, pour la formation morale de ses fidèles, tout le bénéfice moral de propositions auxquelles il ne souscrirait pas en toute conviction mais qu'il peut s'engager à rapporter, parce qu'il n'est pas complètement impossible qu'elles renferment une vérité cachée, et qu'en tout cas il ne s'y trouve rien de contraire à la religion intérieure. » Il peut tirer un parti moral de l'article de foi sans même le changer, et faire que le véhicule extérieur imparfait vienne malgré tout au secours de la foi intérieure. Et nous oserons dire qu'il est ainsi possible de faire le même usage de toutes les mythologies et de cette manière de les sauver toutes : Kant lui-même remarquait que les philosophes de l'Antiquité savaient proposer un commentaire moral de leur mythologie [1]. Ou bien donc ce qu'exige l'Église est contraire à la raison pratique, et le prêtre démissionne – mieux, il n'a pas à prêter serment auprès de cette Église ; ou bien il juge simplement qu'il a affaire à un symbole imparfait comme tous les symboles, et il est possible d'en tirer parti en attendant une réforme qui l'améliorera. Tant que nous serons hommes et que nous

1. *La Religion dans les limites de la simple raison*, III, 1, 6 ; *AK*, VI, 111. Une analyse de nombreux exemples de mythologie se trouve faite en ce sens dans *Préliminaires à la mythologie* et *Les Dieux*, d'Alain.

aurons besoin de symboles, il faudra que nous nous contentions d'une certaine imperfection, admissible, si, du moins, elle n'est pas imposée comme quelque chose de définitif.

Kant montre finalement par là que la question du rapport de la religion extérieure et de la religiosité intérieure est insoluble, et la réflexion qu'il mène sur l'histoire des diverses confessions médite cette antinomie de la raison : il faut bien un véhicule extérieur, mais il ne manque jamais de faire oublier l'essentiel qu'il a pour rôle de secourir. Il a fallu une Église, mais elle n'a pu que trahir sa mission. Le vêtement extérieur de la religion est et sera toujours inadéquat à la religiosité intérieure qui en a pourtant besoin pour se manifester. La solution morale de cette antinomie est qu'il dépend de chacun de faire prévaloir l'intériorité sur ses manifestations, et chacun ne peut qu'espérer en une sorte d'allégement progressif du poids de l'Église historique, signifiant que la religiosité intérieure règne au contraire plus sur les cœurs. La liberté de penser et de publier est l'unique garantie d'un tel progrès, et son affirmation, la certitude absolue qui fonde toute la philosophie de la religion.

CONCLUSION

SE SAVOIR ESPRIT

Nous lisons les philosophes, non pour apprendre leurs pensées mais pour apprendre à penser ; l'instruction philosophique par les textes n'a pas pour fin la connaissance historique et extérieure des opinions célèbres, ce serait doxographie et non philosophie, mais elle a pour fin l'intelligence. Si nous lisons Kant – ou quelques autres, il est vrai, peu nombreux, mais dont la fréquentation peut occuper plus d'une vie –, peut-être nous éveillerons-nous à nous-mêmes. Que retiendrons-nous d'abord de ces quelques réflexions conduites à la lecture de la réponse proposée par lui en 1784 à la question : « Qu'est-ce que le progrès des Lumières ? » Qu'il importe à chacun d'oser prétendre à l'intelligence : d'oser secouer le joug de la minorité. Ne « répandront autour d'eux le sens d'une appréciation raisonnable de sa propre valeur et de la vocation de chaque homme à penser par soi-même » que des hommes sachant eux-mêmes juger, par la raison, de leur valeur absolue d'être libres, et ils se seront rendus dignes de leur propre humanité en la conquérant ainsi. Il convient premièrement de se savoir esprit – et nous avons vu en quels termes Kant rappelait à ses étudiants[1] qu'à cette condition seulement la vie humaine est sensée.

LE SEUL REMÈDE AU FANATISME

Il est clair qu'il ne s'agit pas là d'un contentement de soi-même, qui nous ferait prétendre valoir plus que les autres hommes, parce que nous serions plus riches, plus puissants ou plus malins. Au contraire, cette conscience de soi comme d'un être libre peut seule nous délivrer de l'ambition de dominer les autres ou de nous ériger en tuteurs des masses. Car seul celui qui sait sa propre valeur, seul un esprit conscient de lui-même peut considérer l'humanité en autrui comme une fin en soi. Inversement, qui veut régner sur les esprits, ne se sait pas esprit et manque sa propre vocation ; car c'est ignorer l'esprit aussi bien en soi-même qu'en autrui que vouloir le faire plier par la violence. L'esprit ne peut vouloir contraindre l'esprit. Il ne peut vouloir qu'une approbation absolument libre. Un homme qui tiendrait pour vrai un théorème mathématique parce qu'il serait soumis à la violence d'un tyran qui voudrait lui en imposer la croyance, un tel homme ne donnerait qu'un faux acquiescement. Quand bien même la terreur qui s'exercerait ainsi finirait par lui donner l'illusion qu'il a librement dit oui, on voit bien qu'il n'aurait toujours rien compris à ce théorème et que son accord extorqué ne voudrait rien dire. Il en est de même en matière de foi religieuse ou de jugement moral. Ce qui est extorqué par la violence ou la séduction n'engage pas le jugement et ne repose sur aucun accord véritable. C'est l'état de guerre, même si, la domination momentanée d'une puissance empêchant toute révolte, on a une paix apparente. Les hommes alors s'agenouillent par faiblesse, et ils font les mêmes gestes comme des machines bien réglées ; ils ont beau parfois intérioriser la pression sociale au point de croire que leur soumission est libre, ils ne reconnaissent pas le bien-fondé de ce qu'on leur demande d'admettre, et tel est le pire des esclavages. Cette reconnaissance n'a de sens et de réalité que par la liberté. Le fanatique exigeant d'un homme qu'il cède ainsi à la violence oublie que l'appro-

1. Texte de la *Logique*, cité p. 40.

bation de l'esprit n'est rien si elle n'est pas totalement libre : il oublie l'esprit.

SEUL L'ESPRIT RECONNAÎT L'ESPRIT : L'ÉGALITÉ

Seul celui qui se sait esprit peut prendre conscience que les autres hommes, quelque différents qu'ils soient de lui, sont eux aussi des hommes, c'est-à-dire des esprits ; telle est la reconnaissance de l'homme par l'homme, qui fait de tout homme mon semblable, c'est-à-dire un être également libre, par sa nature capable de se gouverner lui-même sans être soumis à la direction d'un autre : majeur, adulte ou, du moins, par nature capable de le devenir. La *Déclaration des droits de l'homme et du citoyen*, lorsque, en son premier article, elle lie liberté et égalité des droits, est l'expression politique de cette idée de l'homme que la lecture de Kant nous a appris à élucider.

OUTILS COMPLÉMENTAIRES

GLOSSAIRE

ANALOGIE

Analogie veut dire égalité de rapport ; a/b = b/c est une analogie. *De même que…, de même…* exprime ainsi une comparaison qui met en rapport ou en relation des choses différentes, et c'est cela l'analogie. Deux choses sont analogues quand, différentes, elles sont semblables sous un rapport donné. Le langage commun compare la lumière et l'esprit, qui sont deux choses radicalement différentes : on parle des yeux de l'esprit ; on dit, au lieu de « comprendre », « voir clair », etc. Celui qui aurait ainsi médité et approfondi les analogies dont la langue est porteuse serait déjà philosophe.

AUTONOMIE

Ne pas confondre avec indépendance. C'est l'obéissance à la loi qu'on s'est soi-même prescrite. Au contraire, l'hétéronomie est soumission à une loi imposée et dont on n'est pas l'auteur. Ainsi, le citoyen de la République est législateur en ce qu'il décide par son suffrage de la loi commune, et il est soumis à cette loi (il est sujet) et tenu de lui obéir une fois qu'elle a été votée. Être autonome, c'est être ainsi à la fois citoyen et sujet. Dans un régime despotique, les hommes sont sujets sans être citoyens. Si l'hétéronomie exclut la liberté, la liberté elle-même n'est pas sans lois : un homme qui n'obéit pas aux lois que sa raison lui prescrit n'est pas libre mais soumis à ses inclinations, et l'apparence de liberté qui consiste à faire tout ce qui nous plaît est hétéronomie. C'est dire qu'il y a une unité fondamentale de la raison et de la liberté : et c'est aussi cela, les Lumières.

COSMOPOLITIQUE

Qui a trait à l'homme en tant que citoyen du monde. Ainsi, l'homme est le seul être du monde qui vive selon la loi du monde parce qu'il la connaît comme la connaît Zeus lui-même. Cyniques (Diogène de Sinope) et stoïciens se disaient citoyens du monde avant d'être citoyens de leur cité ou de Rome. Chez Kant, la reprise de l'idée de cosmopolitique est d'abord une réflexion sur la paix entre les États et sur l'idée d'une société des nations qui règle les conflits entre États.

DIÈTE

Assemblée délibérante qui prenait des décisions appelées *recez* dans le Saint-Empire romain germanique, fondé en 962 et dissous par suite des guerres napoléoniennes en 1806.

HERMÉNEUTIQUE

Terme qui vient du grec : interpréter, comprendre une signification.

HÉTÉRONOMIE

Suivre une inclination ou un penchant, c'est suivre la loi de la nature, et s'il n'y a là rien qui soit immoral en soi, pourvu qu'on respecte l'humanité en soi-même et en autrui, il n'y a là aucune liberté. Ainsi, que la loi morale soit fondée sur la nature humaine ou sur la volonté divine, il y a hétéronomie et non autonomie. La philosophie pratique de Kant est pour cette raison un refus de tout fondement aussi bien anthropologique que théologique de la morale.
Cf. aussi Autonomie.

MINORITÉ

Le terme allemand est *Unmündigkeit* et c'est comme en français un terme juridique. Mineur en allemand, c'est sous tutelle *Cf.* Friedrich Kluge, *Ethymologisches Wörterbuch der deutschen Sprache*, 1957, 16e éd., Berlin, Walter de Gruyter ; *der Vormund*, qui signifie *der Schutz*, protection, renvoie à *die Mund* (et non *der Mund*, la bouche), terme qui n'existe plus, et qui signifiait en vieux haut allemand la main *(die Hand)*, la protection *(der Schutz)*, la tutelle *(die Vormundschaft)*, et vient du latin *manus (in manu mea est)*. Il n'est donc pas question de parole ou d'*in-fans*, terme latin d'où vient le français « enfant » et signifiant « qui ne parle pas ».

SYMBOLE

Le symbole, au sens général du terme, est l'expression sensible de quelque chose qui est l'objet de l'intellect (d'une idée). Par exemple, la balance est le symbole de la justice. C'est en ce sens que nous entendons ce terme dans cette partie. Dans l'opuscule de 1784, le mot « symbole » est pris au sens qu'il a dans la langue théologique : formulation obligatoire de ce qui constitue la croyance commune en vigueur dans une Église donnée, ce qui comprend donc les professions de foi et pas seulement ce qu'on appelle « symbole » au sens premier du terme. Généralement, les prêtres des Églises allemandes du XVIIIe siècle devaient prêter serment sur les textes où ces « symboles » étaient rédigés.

BIBLIOGRAPHIE

Les œuvres de Kant sont publiées en trois tomes dans la collection « Bibliothèque de la Pléiade » (Gallimard) et dans différentes collections de poche.

***Œuvres de Kant complementaires à la lecture de* Qu'est-ce que les Lumières ?**

Critique de la raison pure (1781)

Idée d'une histoire universelle au point de vue cosmopolitique (1784)

Fondements de la métaphysique des mœurs (1785)
Analyse O. Hansen-Løve, coll. « Classiques et Cie Philosophie », Hatier, 2007.

Qu'est-ce que s'orienter dans la pensée ? (1786)

Critique de la raison pratique (1788)

Critique de la faculté de juger (1790)

La Religion dans les limites de la simple raison (1793)

Projet de paix perpétuelle (1795)
Analyse M. Fœssel, coll. « Classiques et Cie Philosophie », Hatier, 2007.

Introduction à la lecture de Kant

DELBOS, Victor, *La Philosophie pratique de Kant*, rééd., PUF, 1969.

HANSEN-LØVE, Ole, *Analytique du beau*, coll. « Classiques et Cie Philosophie », Hatier, 2007.

Ouvrages sur les Lumières

BRUNSCHWIG, Henri, *La Crise de l'État prussien à la fin du XVIIIe siècle et la genèse de la mentalité romantique*, PUF, Paris, 1947 ; repris sous le titre *Société et Romantisme en Prusse au XVIIIe siècle*, Flammarion, 1973.

CASSIRER, Ernst, *La Philosophie des Lumières*, coll. « Agora », Presses Pocket, 1990.

On pourra lire dans une tout autre perspective historique :

GERSHOY, Léo, *L'Europe des princes éclairés, 1763-1789*, G. Monfort, 1982.

Classiques & Cie Philosophie

400 Aristote
Éthique à Nicomaque

401 Descartes
Discours de la méthode

402 Descartes
Méditations métaphysiques

403 Épictète
Manuel

404 Épicure
Lettre à Ménécée

405 Hegel
La Raison dans l'histoire

406 Kant
Analytique du beau

407 Kant
Fondement pour la métaphysique des mœurs

408 Kant
Qu'est-ce que les Lumières ?

409 Kant
Vers la paix perpétuelle

410 Machiavel
Le Prince

411 Nietzsche
Crépuscule des idoles

412 Platon
Apologie de Socrate

413 Platon
Gorgias

414 Platon
Hippias majeur

415 Platon
La République

416 Platon
Le Banquet

417 Rousseau
Discours sur l'origine et les fondements des inégalités parmi les hommes

418 Rousseau
Du contrat social

419 Spinoza
Traité théologico-politique

Achevé d'imprimer par Maury-Imprimeur à Malesherbes (France)
Dépôt légal : 92592-4 / 04 - Juillet 2010
N° d'imprimeur : 156370